2018 '작가'가 선정한

오늘의 시

2018 '작가'가 선정한

오늘의 시

■ 펴내면서

이제는 문학사의 일부가 되어가고 있지만, 최근까지 우리 시단에서 도출된 쟁점 가운데 가장 첨예한 메타적 흐름을 형성했던 것이 아마도 서정을 둘러싼 개념적, 수행적 논의였던 것 같다. 이 흐름은 우리로 하여금 오랜만에 시의 장르적 본질과 기능에 대한 근원적 사유에 이르도록 해주었다. 그리고 일정한 합의를 도출해가기보다는 각양각색의 파생적 논의로 번져가는 외양을 띠었고, 또 저마다의 이념과 방법의 차이를 품은 채 여러 사람의 기억 속에 각인되어갔다. 특별히 우리는 서정의 오랜 인식론적 기반이었던 동일성 미학이 균열을 보이는 현상, 곧 반反서정으로 불릴 만한 비동일성의 경향이 어떻게 서정 범주 안에 포괄될 것인가 하는 문제가 강력하게 대두했던 현상을 떠올려볼 수 있을 것이다. 이는 '미래파'라는 담론적 명명 속에서 해석되고 평가되었던 일군의 시인들이 암시하였듯이, 강렬한 비동일성의 경향을 고전적 서정 개념과 어떻게 연루시키는가 하는 문제로 출현했던 것이다.

주지하듯 이러한 경향은 가령 비주류 하위문화에 대한 풍부한 경험과 감각의 환유적 나열 그리고 혼성적 문화 의식을 통해, 모어母語의 세련을 기조로 했던 지난 시대의 국민국가적 상상력과 날카로운 단층을 형성하였다. 또한 깊은 우울과 환멸에서 우러나온 그로테스크한 상상력은 이미지의 연쇄적 나열과 충돌을 통해 그 자체로 정제된 의미론을 해체하면서 메타 시학의 한 가능성을 보여준 바 있다. 이 밖에도 많은 젊은 시인들에 의한 반미학의 가능성으로서의 시적 움직임은 매우 광범위한 하나의 시적 지형을 형성한 바 있다. 이들의 반反 은유의 환유 원리에 의한 작법은, 그동안 서정의 원리로 군림했던 은유 중심의 작법에 대해 반성을 방법적으로 제기하면서, 자유로운 연상과 의미론적 단속을 통한 말의 잉여 혹은 난장의 형식으로 이어져가기도 했다.

우리는 동일성 미학에 균열을 내면서 구축되었던 이러한 비동일성의 경향을 두고 일단 서정의 원심적 확장 형식이라고 말할 수 있을 것이다. 거기에는 조화와 화해의 세계관보다는 갈등과 길항의 세계관이 깊이 담겨 있고, 대중문화적 감염이 일상화됨에 따라 시의 표면에 물질로 구체화되는 속도감이 현저하게 나타났다고 할 수 있다. 이처럼 이들의 시적 언어는 전통적 서정 원리와 결별하면서 새로운 서정의 원리를 당당하게 확장해갔던 것이다. 특별히 이들 시에 나타난 집체적 성격의 '우리'에 대한 관심은, 개체적 성격의 '나'로 중심을 옮겨갈 수 있는 서정시의 한 편향에 대한 적극적 반성의 시선을 주었다는 점에서, 이채로울 만큼 소중한 것이었다. 이들의 현실에 대한 성찰과 제언이 그 나름대로 '나'로서의 개별 체험을 절대화하는 미적 편향에 대한 적극적 항체 역할을 하였던 것이다.

2018년 『'작가'가 선정한 오늘의 시』는, 이러한 서정성의 움직임을 다양한 극점으로 보여주는 기능을 충실하게 감당하려고 한다. 그러한 바람을 바탕으로 하여 이 책은, 우리 시단의 다양한 풍경을 깊이 사유할 수 있는 유력한 미적 근거들을 갖춘 수많은 가편들을 수록하였다. 많은 동료들로부터 지지를 받은 시편과 시집은, 미적 완결성과 개성적 목소리를 아울러 견지함으로써, 우리 시대의 대표적인 성과로 인정받게 될 것이다.

이번 설문 조사 결과, 작년 한 해 동안 발표되었던 시편 가운데 신철규의 「심장보다 높이」가 가장 많은 추천을 받았다. 이는 슬픔에 대한 시이기도 하고 외로움에 대한 시이기도 하며 공포에 대한 시이기도 하다. '슬픔'을 주제로 다룬 시집 『지구만큼 슬펐다고 한다』에서처럼 이 시 역시 슬픔을 다룬다. 사회적 이슈에 대한 천착이나 타자의 고통에 대한 공감을 중심으로 슬픔을 형상화했던 시집과의 연속선상에서, 이 슬픔은 역시 타자와 주체의 경험이 연동되고 있다. 이 시의 슬픔은 시인 자신의 슬픔이며 인간의 본질적 우울 같은 것이다. 그러나 어쩌면 '존재의 근원적 슬픔' 같은 추상적인 설명보다도 더 실감나는 문학적 현실로서의 슬픔이란 지금은 이런 것이 아닌지 모르겠다. 그의 약진을 소망해본다.

앞으로 우리 시단은 시에 대한 믿음으로 2018년 이후의 풍경을 꿈꾸게 될 것이다. 지난 한 해의 시적 성과들은, 이러한 시적 과제에 확연하고도 분명한 미학적 대안을 제시하지는 못했지만, 탄탄한 미적 완결성을 두루 보여주었다고 할 수 있을 것이다. 모쪼록 이 책이 우리 시대의 이러한 과제들에 대해 유추적으로 사유할 수 있는 자료가 되기를 바란다.

2018년 2월 기획위원회

목차

■ 펴내면서

2018 오늘의 시

2018 오늘의 시집 시집 17권, 시조집 5권

2018 '작가'가 선정한

오늘의 시

강은교 강 정 강형철 고두

기차 _ 모텔수업 _ 짜어주까 _ 귓바퀴를 한껏 오므리

길상호 김남규 김명인 김보

많던 귀신은 다 어디로 갔을까 _ 화장실의 이원론

김이듬 김지녀 나태주 나희

내력 _ 옹관 _ 심장 _ 보트는 달아났다는데 _ 습기 없는

박권숙 박기섭 박라연 박명

적한 사람 2차 장마 _ 벤치 _ 감귤꽃, 따다 _ 메가

박찬일 박형준 복효근 서숙

랩이다 _ 반납 _ 개를 찾는 사람 _ 사람의 향기 _ 묵화

신동옥 신철규 안도현 안희

장에서 다시 _ 후포 _ 시녀의 소리 _ 고라니 울음 _ 1

유홍준 이달균 이동우 이병

이 _ 줄포만 _ 소동 _ 양파들 _ 지녀의 눈꺼풀 _ 모래배

이우걸 이은규 이은봉 이장

오늘하루 _ 집 _ 선이잉 _ 우물안 _ 등 _ 천둥번개숭이

이하석 이혜미 이홍섭 임곤

어 술게 _ 새소리 _ 술방울 _ 떨어지는 포도 _ 첫눈이

정재학 조동범 조승래 조용

털래기 _ 달팽이 _ 잠자리 _ 물고기 _ 서스펜스 _ 오징어

함명춘 허 연 홍성란 홍일

경 _ 잎 _ 한라산 _ 시월 _ 정선 여자 _ 나무수류탄 _ 열쇠

영민 곽재구 곽효환 권혁웅

의 정치_장천교회에서 봉순 안마 시술소까지_그

삼환 김선태 김성규 김영재

의 잠_문장의 광장_사다리_한강이라는 밤_어떤

인서 문성해 문순자 문정희

쿠바에서 방배동으로 가는 버스_아리잠직_정

소란 박시교 박영희 박은정

든 시인_나팔꽃 서녀의 책_그는 따뜻한 오버

정순 손택수 송재학 송찬호

줄줄이 사당 백년도마 꽃을 보는 법 겨울 덕

원태 염창권 우은숙 유재영

에서의 무반주 첼로독주 화실나무 심장보다 높

상국 이선영 이숙경 이승은

잎 길_진령_늑음_우물에 관한 오해_탐옥수_

재훈 이정환 이종문 이태수

글짜기_옮긴이의 말 누대_부재_합장으로 문

기철 정끝별 정수자 징용국

외눈박이 늪이다 노노_옴_가을의 뒤축_수수

은영 차주일 최문자 최영효

푸르고 창백하고 연약한_방을 위한 엘레지 월

학주

의 편도_

강은교

기차

봄이 오면 기차를 탈 것이다
꽃그림이 그려진 분홍색 나무의자에 앉을 것이다
워워워, 바람을 몰 것이다

매화나무 연분홍 꽃이 핀 마을에 닿으면
기차에서 내려
산수유 노란 꽃잎 하늘을 받쳐 들고 있는 마을에 닿으면
또 기차에서 내려
진달래빛 바람이 불면
또또 기차에서 내려

봄이 오면 오랜 당신과 함께 기차를 탈 것이다
들불 비치는 책 한 권 들고
내가 화안히 비치는 연못 한 페이지 열어젖히며

봄이 오면 여기여기 봄이 오면
당신의 온기도 따뜻한 무릎에 나를 맞대고
세상에서 가장 부드러운 여행을 떠날 것이다
은난초 흰 꽃커튼이 나풀대는 창가의 의자에 앉아
광야로 광야로
떠날 것이다, 푸른 목덜미 극락조처럼 빛내며

시 작 노 트

어느 날 문득 이런 애가哀歌가 나에게로 흘러왔다.

아마 오래 끓고 있던 내 속의 용암같은 것이 꿈틀거리다가 흘러넘친 것이었겠지.

시는 아무래도 우연이 그 시작, 우연의 필연화가 그 끝. 다정한 애가, 또는 비가.

(현대시학 1월)

강 은 교 1945년 함남 홍원 출생. 1968년 《사상계》로 등단. 시집으로 『허무집』 『풀잎』 『빈자 일기』 『소리집』 『등불 하나가 걸어오네』 『시간은 주머니에 은빛 별 하나 넣고 다녔다』 『초록 거미의 사랑』 『네가 떠난 후에 너를 얻었다』 『바리연가집』 등이 있음.
pilgrimk1412@hanmail.net

강정

모델수업

나를 바라보는 당신의 눈 속에서
지난 밤 꿈을 본다
돼지와 박쥐가 함께 서성대는 목조 건물은
짓다가 말았거나 무너지다 만 형국이었다
당신 눈 속에서 그 풍경은
에메랄드 빛 광선으로 절멸하고 있다

*

나를 그리고 있는 당신의 손끝엔
담비 털로 만든 붓이 떨고 있다
다른 손엔 여러 색채를 한데 짓눌러 시간의 살점으로 뭉개버린
팔레트가 들려있고
당신의 입은 혼잣말을 연신 중얼거린다
북향 창으로 스민 빛이 쪼개지는 소리 같다
내 입가의 잔주름들이 당신에겐 빛의 거품처럼 보이나보다

*

캔버스 건너 하얀 면에 누가 들어서고 있는지
나는 모른다
당신은 알고 있을까
당신은 내 얼굴을 조목조목 뜯어보며 춤추듯 움직일 뿐,
나는 좀체 숨쉬기가 힘들다
고사 상에 오를 돼지머리라도 되려고 간밤 꿈이 그리 질척거렸던

걸까

박쥐가 훑고 간 목덜미를 당신은 자꾸만 이리저리 훑어보며 킁킁거린다

신의 사냥개의 먹이라도 된 기분,

캔버스 너머 벽면이 목숨 걸고 올라야 할 암벽처럼 죄어온다

*

얼마나 오랫동안 앉아 있었을까

시간이 가없는 수평으로 늘어져 팔레트 위 물감들이 색색의 구름으로 부푼다

그 너메 진 살점들을 붓으로 떠내어 낭신은 서쪽을 향한 나를

동향의 공백 위로 옮겨 놓는다

그림자를 떼어 창을 가린 듯 사위가 급격히 어두워진다

핀 조명 받은 광대처럼 당신은 온몸으로 팔레트가 되어

당신만의 빛기둥 안에서 너덜너덜 춤춘다

*

전 생애의 절반이 한나절 만에 떼어져나갔다

이제 움직일 수 있고 볼 수 있고 말할 수 있다

당신은 캔버스를 마주보며 벽면 쪽으로 물러서고

나는 당신 앞에서 당신이 덧칠해놓은 내 살점들의 파동을 본다

어디 먼데를 홀로 다녀왔다가 한참 만에 마주한 거울 속 같기도

죽기 전에야 시야에 떠오르는 전 생애의 일그러진 잔상 같기도 하다

강정

쌍욕과 순정마저 한 몸으로 으깨져
처음 보는 색조를 낳았다
얼굴을 더 가까이 대어본다
돼지똥 냄새와 박쥐울음소리가 넓적한 평면에 깊디깊은 동굴의 공명으로 몸속을 파고든다

*

당신에게 말 걸려 고개를 돌린다
배후엔 누더기를 걸친 해골이 음화처럼 너울거릴 뿐,
당신은 없다
전 생애를 삼킨 벽면만 짓다가 말았거나 무너지다 만 형국이다
그림에 손을 대어 본다
오래 전 아팠던 상처가 물컹물컹 손끝에 묻어난다
나는 나를 죽인 자를 죽인 자가 되어 있었다

(문장웹진 9월)

시 작 노 트

나를 '너'라고 부르는 순간, 나는 비로소 '나'가 되었다. '나'가 된 '그'를 바라보는 일은 고통스럽다. '그'는 오래 전부터 '너'였고 '너'의 배면이었으므로. 그것은 흔히 '공허'라 부르는 어느 추상의 여백과도 같다. '나'란 생각하는 존재가 아니라 누군가에게 만져지거나 보여지는 존재. 만져지고 보여진 상태로 저절로 암흑이 되는 시간의 한 부리. 새들은 왜 울까? 라고 최초로 질문하는 순간의 아찔한 동통疼痛.

강 정 1971년 부산 출생. 1992년 《현대시세계》로 등단. 시집 『처형극장』 『들려주려니 말이라 했지만』 『키스』 『활』 『귀신』 『백치의 산수』 등이 있음. nietz4@naver.com

강형철

찍어주까

세종호텔 배경으로
미국인 부부가 서로 웃으며 사진을 찍는다
오늘을 '여엉원히' 기념하려는
마음들이라 생각하니 마음에 채송화 핀다
두 사람 같이 찍어주면
좋아할 것 같아
한 마디 하려고 연구해보니
'캔 아이 헬프 유'란 말이 있다
그렇지만 그 말은 못했고
슬쩍 웃기만 했다
일찍이
미제국주의를 쳐부셔야한다 떠든 적이 있는 나에게
미국이란 집단이 미운 것이지
사람들이 미운 것 아니다는 신속한 변명이
떠오르지 않은 것은 아니지만
그렇다고 쉽게 영어로 떠드는 것은
좀 거시기하다는 생각이 없지 않아서
'찍어주까? 말하면
'오우 케이' 할지 모른다는 생각이 없지 않았어도
우물쭈물하다가 말도 않고 그냥 지나치기로 했다
남산 쪽 횡단보도를 건너

터덜터덜 걸어오는데
조금 졸렬했구나 생각도 없지 않았고
헤픈 것보다는
슬쩍 웃어주었으니 '됐다'는 생각이
오락가락하면서
마음만 더웠다.

(쿨투라 겨울)

강 형 철 1955년 군산 출생. 1985년《민중시》2집으로 등단. 시집으로『야트막한 사랑』『도선장 불빛 아래 서 있다』『환생』, 평론집『시인의 길 사람의 길』『발효의 시학』등이 있음. 〈5월시〉동인. hckang55@hanmail.net

고두현

귓바퀴를 한껏 오므리며

나무는 자라면서 커다란 소리를 내지.
나선으로 뻗는 잔뿌리들
달팽이관처럼 뜨겁게 울지.
그 소리 땅 밑까지 용암에 가 닿고
천둥 치는 밤엔 일시에 얼어붙어
바위로 굳기도 하지.

지구 내막을 촘촘하게 기억하며
내색 없이 자라는 나무들.
무논에 피는 벼가
농부 발자국 소리 듣고 자라듯
흙의 땅심 움켜쥐고
나도 그렇게 견뎌왔지.

가끔씩 외풍 심한 날엔
몸을 잔뜩 웅크리고
이팝나무 흰 꽃 피는 소리
은밀하게 알아듣는 저 아이들
배고픈 노래 같은 웅얼거림에
귓바퀴를 한껏 오므리기도 하면서 말야.

(문예바다 여름)

시 작 노 트

나무뿌리 소리에 귀를 기울일 때가 있다. 흙의 땅심 움켜쥐고 그렇게 견뎌온 세월이 그 소리에 베어 있다. 그 중에서도 이팝나무 소리는 특별하다. 이팝나무란 이름은 이밥(쌀밥)에서 왔다. 꽃이 많이 피면 벼농사가 잘 돼 쌀밥을 원 없이 먹게 된다고 그렇게 부르기 시작했다. 이팝나무꽃이 피는 시기는 가장 배고픈 보릿고개 즈음이다. 춘궁기에 굶어 죽은 자식의 무덤가에 이 나무를 심어놓고 죽어서라도 흰 쌀밥을 마음껏 먹기를 비는 부모의 애틋한 마음이 담겨 있다. 그러니 그냥 꽃이 아니라 밥꽃이다. 가늘고 긴 네 갈래 꽃잎은 하늘거리는 바람개비를 닮았다. 멀리서 보면 고봉으로 수북이 담은 쌀밥 같은 게 이팝나무꽃이다. 지천에 핀 꽃무더기에서 밥을 떠올리며 허기진 보릿고개를 넘던 옛날. 나에게도 그런 시절이 있었다.

고두현 1993년 《중앙일보》 신춘문예로 등단. 시집으로 『늦게 온 소포』『물미해안에서 보내는 편지』『달의 뒷면을 보다』 등이 있음. 시와시학 젊은시인상 등 수상. kdh@hankyung.com

고영민

봄의 정치

봄이 오는 걸 보면
세상이 나아지고 있다는 생각이 든다
봄이 온다는 것만으로 세상이 나아지고 있다는
생각이 든다
밤은 짧아지고 낮은 길어졌다
얼음이 풀린다
나는 몸을 움츠리지 않고
떨지도 않고 걷는다
자꾸 밖으로 나가고 싶은 것만으로도
세상이 나아지고 있다는 생각이 든다
몸을 지나가도 상처가 되지 않는 바람
따뜻한 눈송이들
지난겨울의 노인들은 살아남아
하늘을 올려다본다
단단히 감고 있던 꽃눈을
조금씩 떠 보는 나무들의 눈시울
찬 시냇물에 거듭 입을 맞추는 고라니
나의 딸들은
새 학기를 맞았다

(시와사상 봄)

시 작 노 트

자목련 한 소쿠리를 보내셨군요. 당신의 마음이 있을까 하여 소화전을 열어 보았습니다.

고 영 민 1968년 충남 서산 출생, 2002년 《문학사상》으로 등단. 시집으로 『악어』 『공손한 손』 『사슴공원에서』 『구구』 등이 있음. amond000@hanmail.net

곽재구

장천 교회에서 봉순 안마 시술소까지

밤 여덟시가 되면
동천 고수부지에 모여 에어로빅을 하는 사람들이 있다
달빛 속에서 그 사람들 보고 있으면
이 세상 사람들 아닌 것 같았다
뽕짝과 락 음악이 스피커에서 쏟아져 나왔는데
동네 말매미 울음소리를 이겨내는 소리가 있다는 사실에 놀랐다
어느 날 남진의 '저 푸른 초원 위에' 가 쏟아져 나오는데
나도 그 사람들 속으로 들어가고 싶은 생각이 드는 것이었다
가까이 가 사람들이 추는 춤을 보고 또 놀랐는데
무대 위 젊은 강사의 춤사위를 따르는 이가 없었다
모두 제 각각 춤을 추고 있었다
나도 들어가 함께 보릿단을 엮는데
땀이 나고 돌아오는 길 하늘의 별이 많았다
장천교회의 창에서 형광등 불빛이 새 나오는데
언젠가 그 교회의 낡은 긴 의자에
한 번 앉아보면 어떨까 하는 생각이 들었고
노란 불빛이 스며 나오는 봉순 안마 시술소에 들어가
동남아에서 온 뜨네기 여행자에게
가만히 등짝을 맡기고 싶은 생각이 드는 것이었다

(문파 겨울)

시 작 노 트

내가 사는 도시에 작은 강이 흐른다

해가 지물면 에이로빅을 하러 사람들이 강변에 모인다

여름날 땀을 뻘뻘 흘리며 춤을 추는 사람들의 모습을 보면 기분이 좋아진다

춤추는 사람들의 선한 열정 속에는 고통이나 궁핍, 외로움의 자리가 없을 것 같다

강변 바로 위 봉순안마시술소의 사람들이 이 속에 있을까, 생각한 적이 있다.?

곽 재 구 1954년 전남 광주 출생. 1981년 《중앙일보》 신춘문예로 등단. 시집으로 『사평역에서』 『전장포 아리랑』 『한국의 연인들』 『서울 세노야』 『참 맑은 물살』 『꽃보다 먼저 마음을 주었네』 『와온 바다』 등이 있음. 신동엽창작기금, 동서문학상 등 수상. 현재 순천대학교 문예창작과 교수. timeroad99@hanmail.net

곽효환

그 많던 귀신은 다 어디로 갔을까

섬섬한 별들만이 지키는 밤
사랑채에서 마당건너 뒷간까지는
수많은 귀신들이 첩첩이 에워싸고 있었다
깊은 밤 혹여 잠에서 깨기라도 하면
새까만 어둠 속에 득실거리는
더 새까만 귀신들 때문에
창호지를 바른 덧문을 차마 열고 나갈 수 없었다
대청 들보 위에는 성주신 부엌에는 조앙신 변소에는 측간신 그리고 담장밖에는 외눈 부릅뜬 외발 달린 도깨비들…
숨죽이며 가득 찬 오줌보를 움켜쥐고 참던 나는
발을 동동 구르다 끝내 울음을 터뜨려
잠든 할아버지를 깨우곤 했다
문틀위에는 문신이 파수를 서고, 지붕위에서는 바래기기와 귀신이 망을 보고, 어스름밤 골목에서는 달걀귀신이 아이들의 귀가 길을 쫓고, 뒷산 묘지에는 소복 입은 처녀귀신이, 더 먼 산에는 꼬리 아홉 달린 여우가 사람으로 둔갑 한다는…
우리가 사는 곳 가는 곳 어디에나 드글거리던
깜깜했으나 해맑게 흥성대던 그때
그 많던 귀신들은 다 어디로 갔을까

수 만 킬로미터 밖 위성사진에서도

밝게 빛나 환하기만 한 밤풍경을 벗어나
아이와 함께 돌담을 따라 난 고샅길을 걸으며
밤하늘에 뜬 별들을 헤아리는데
내가 받았고 다시 내 아이에게 건네줄
마을 가득했던 몸서리치는 무서움은
눈망울에 가득 찼던 호기심은
그 꿈은 다 어디로 숨었을까

(시인수첩 가을)

시 작 노 트

나는 가끔 내가 혹은 우리가 잃어버린 혹은 잊어버린 것들을 생각한다. 그 시절 사는 곳 가는 곳 어디에나 드글거리고 흥성거리던 그러나 지금은 놓아버린 그것들이 나의 과거나 나의 기억이 아니라 기원은 아니었는지, 내 아버지가 먼 아버지로부터 차례로 물려받아 내게 건네주고 내가 다시 내 아이에게 건네주었어야 할 그것은 아니었는지.

곽 효 환 1967년 전주 출생. 1996년《세계일보》에「벽화 속의 고양이 3」을, 2002년《시평》에「수락산」외 5편을 발표하며 작품활동 시작. 시집『인디오 여인』『지도에 없는 집』『슬픔의 뼈대』등이 있음. 애지문학상, 편운문학상, 유심작품상 등 수상. 대산문화재단 재직. kwakhwan@hanmail.net

권혁웅

화장실의 이원론

나란히 꽂힌 칫솔이 나 대신 늙어갔으면 좋겠다
하나는 고운데 다른 하나는 백수 같아서
거울 속 봉두난발에 놀라지 않았으면 좋겠다
이담에 커서 훌륭한 사람……이 되지 않아서
장군이나 검사가 되어
쿠데타나 국정농단에 가담하지 않아서 다행이라고
클렌징을 할 때면 얼굴까지 벗었으면 좋겠다
문턱을 넘을 때 타일의 도움을 받아
변신담의 주인공이 되는 것도 좋겠다
비데에서 물이 나올 때를 기다려 고백을 하고
바람이 불 때 살아봐야겠다, 한 번 더 고백을 하고
기미와 이미를 혼동했으면 좋겠다
우울과 우물을 바꾸었으면 좋겠다
이 안에도 우물이 있네, 내가 버린 내가
나를 버린 나를 물끄러미 올려다보네
칫솔 앞에서 고해성사를 하고 또 하는 동안
거울 속의 내가 먼저 외출하지 않았으면 좋겠다
밖에서 누군가 다급하게 간절하게
나를 기다렸으면 좋겠다, 그동안
세탁기가 마지막으로 탈,탈,탈,
내 영혼을 턴다 물론 영혼 아닌 것까지도

(시와세계 가을)

시 작 노 트

내가 내 본연의 모습을, 가장 나 자신에 속한 모습을 만날 수 있는 곳…에 대해서 썼다

권 혁 웅 1967년 충주 출생. 1996년 《중앙일보》 신춘문예에 평론이, 1997년 《문예중앙》 신인문학상에 시가 당선되어 작품 활동 시작. 시집으로 『황금나무 아래서』 『마징가 계보학』 『그 얼굴에 입술을 대다』 『소문들』 등이 있음. 현재 한양여대 문예창작과 교수. hyoukwoong@hanmail.net

길상호

천일의 잠

어느 해 봄, 문 닫은 식물원 앞을 서성이다
바닥에 떨어진 나비를 업고 들어간 여관이 있다네
조화가 가득한 나무들의 복도를 지나
304호 열쇠를 다 돌리기도 전에
나비는 꽃잎 같은 영혼을 툭, 놓치고 만 것인데
그리하여 나는 길 잃은 봄
목관처럼 혹은 고치처럼 단단한 그 방에 갇혔다네
모란꽃 이불을 나비에게 덮어주고 나니
냉장고는 곡비처럼 한쪽에 자리를 잡고 앉아
울음을 이어다 붙이기 시작했다네
옆방은 고요하고 그 옆방은 더 고요해서
저승에 다시 피는 꽃, 꽃잎 터지는 소리도 들릴 듯한데
끊어진 울음 사이 귀를 대고 누워 있다가
봄이 가고 여름이 가고 가을, 겨울이 가고
또 봄이 오고 여름이 오고 가을, 겨울이 오고
나는 계절을 팔랑팔랑 건너는 꿈을 꾸었다네
하룻밤이 천 일 같던 천일장 여관
그 밤에 떠나보낸 내가 돌아오지 못하는 건
한꺼번에 너무 많은 날을 지나왔기 때문이라네

(시와반시 겨울)

시 작 노 트

아버지께서 돌아가시고 나서 한동안은 날마다 꿈의 바닥에 나비 한 마리가 떨어져 있었다. 살아계실 때 사랑하지 못했던 사람을 뒤늦게 사랑하느라 날마다 나비와 함께 울어야 했다. 나비를 다시 풀어주기까지 장례식은 참 오래 계속되었다.

길 상 호 1973년 충남 논산 출생. 2001년《한국일보》신춘문예로 등단. 시집『모르는 척』,『우리의 죄는 야옹』등이 있음. 현대시동인상, 천상병시상, 시인협회 젊은시인상 등 수상.
482635@hanmail.net

김남규

문장의 광장

문장이 모여들면
두꺼운 노래가 되니

사람이 리듬이 되면
얼마나 거대한가

우리는
범람할 것이다
너울로 갈 것이다

모든 길에 쏟아지듯
모든 길을 터뜨리듯

현실보다 묵직하게
세상보다 시끄럽게

아침에
먼저 도착할 것이다
노래는 힘이 세다

(시조정신 창간호)

시 작 노 트

아름다운 시를 남기기보다는, 아름다운 시인이 되고 싶다. 세상은 여전히, 아름답다고 믿기 때문이다. 오늘도 믿기 위해 쓴다.

김 남 규 2008년 《조선일보》 신춘문예 시조부문 당선. 시조집 『집그리마』 등이 있음. 가람시조문학상 신인상 등 수상. knk1231@naver.com

김명인

사다리

상승의지가 없다는 말에
후들거리며 나서는 산책길
이음매 뜯긴 비탈길 한 줄
등성이에 뉘여 있다
숨이 차 중턱에서 잠시 쉬는데
골짜기 폐물집하장엔 일 끝낸 인부들인 듯
드럼통 곁에 빙 둘러서서
저마다 끌고 온 하루를 패서 태우고 있다
조금 더 오르면 죽은 개를 암매장한 곳,
누군가 고사목 둥치를 쌓아 돌무덤을 가려놓았다
파묻은 개가 부활했는지
그 위에 찍힌 흙 발자국들
일렁거리는 참나무 숲엔
참 많이 올려보내는 것 같았는데
잎 다 지운 겨울 가지들이
저무는 허공을 쳐들고 있다
이 산에서 저 꼴짜기로 막 건너뛰려는 해,
밟고 올라설 사다리가 없으니 빌려 쓸 높이가 없다
애야, 올라갈 때보다 내려올 때가 위험하단다
예전의 한 장면처럼 어둑어둑 가라앉는

아버님 말씀, 사다리 꼭대기인듯
무릎이 휘정거린다

(시로여는세상 가을)

김 명 인 1946년 경북 울진 출생. 1973년 《중앙일보》 신춘문예로 등단. 시집으로 『동두천』 『머나먼 곳 스와니』 『물 건너는 사람』 『푸른 강아지와 놀다』 『바닷가의 장례』 『길은 침묵』 『바다의 아코디언』 『파문』 『꽃차례』 『여행자 나무』 등이 있음. 현대문학상, 대산문학상, 목월문학상 등 수상. mikim@korea.ac.kr

김보람

한강이라는 밤

한강을 앞에 두면
한강의 기억이

둘이 바라보다
혼자 서 있기도

한강이 드러눕는다
오늘은 비가 내린다

너는 뒤돌아본다
그만 실족할까요?

몸이 기우는 동안
빗소리가 넘친다

회전이 아름다워진다
투명으로 가득 찼다

애인이 지나가고
엄마가 지나갔다

밤과 안개가
불빛으로 흘러간다

눈앞엔 강 하나 비었다
바라보며 울었다

(정형시학 여름)

시 작 노 트

한 사람이 서 있다. 삶의 충동과 죽음의 충동이 반복되는 극단에 내몰렸다. 지고한 순간의 다스림이 눈앞에 있다. 나를 제외하는 모든 것의 부정성이 무아되는 순간이다. 상실과 실패 다음에야 시를 쓸 수 있는 공간이 생겼다.

김 보 람 2008년 《중앙신인문학상》 당선으로 등단. 시집 『모든 날의 이튿날』이 있음. 2016년 한국문화예술위원회 유망작가 선정. 21세기 시조동인. polaris6131@hanmail.net

김삼환

어떤 내력

집수리를 하다가 싱크대 밑에 숨어있는
쓰다만 문서 몇 장 버리기 전 펼쳐보니
야경을 인수인계한 계약서가 붙어있다

아마도 그는 전에 평생의 꿈을 살려
밤무대 조명등을 꼼꼼하게 점검하곤
다부진 사각 창틀을 고정시켜 놓았을 터

하나 둘 불 켜지는 언덕배기 밤풍경이
바람에 서걱이는 창을 두고 떠난 사람
오늘은 저녁 달빛에 새소리도 보낸다

시 작 노 트

수 년 전 이사를 하려고 작정했을 때 나는 교통의 불편을 감수하면서 공기가 좋은 언덕배기 산비탈과 인접한 곳을 선택했다. 집수리를 하던 중에 그 전에 살았던 사람들도 나와 같은 생각을 했는지 집안 곳곳에서 내 생각과 일치하는 메모와 쪽지들을 발견할 수 있었다. 그것은 멀리 있는 산마루나 불빛이 반짝이는 야경을 보며 잠시 생각에 잠긴 내 모습의 기록들이었다.

김 삼 환 1992년 《한국시조》 신인상으로 등단. 시집으로 『묵언의 힘』 외 다수가 있음. 제15회 한국시조작품상 수상. '역류' 동인. h3wan@unitel.co.kr

김선태

옹관

옹관의 생김새를 보면 참 이상야릇하다
큰 옹관 속에 작은 옹관이 들어박힌 모양이
꼭 남녀가 교접하는 장면 같다
마지막 주검을 담는 옹관을 두고
그 무슨 불순한 생각이냐고 할지 모르지만
아무리 뜯어봐도 내게는 그렇게만 보인다
모든 생명의 탄생이 거기서 비롯됐으니
죽음도 그렇게 갈무리되는 게 아닐까 생각하면
그러한 상상이 전혀 불순하지 않다
오히려 신성해서 마음이 숙연하기까지 하다
때로는 타원형의 저 옹관이
자궁이나 알이나 씨앗으로 보이는 것도
그 속에 누워 있는 주검이 주검만이 아니라
새로 태어날 생명도 함께 누워 있다는 것이니
탄생과 죽음이 나란하다는 것이니
남녀의 교접을 떠올리는 옹관이야말로
우리네 생사의 근원을 표상하는 요체 아닌가.

(시작 겨울)

시 작 노 트

요즘 많은 부음을 접한다. 그 중에서 형제와 어린 시절 친구들의 부음은 당혹스럽다. 나에게도 죽음이 멀지 않다는 생각을 한다. 죽는 일은 분명히 두려운 일이지만, 자연의 순환원리에 따라 최대한 편안하게 받아들여야 한다는 생각을 하곤 한다. 옹관처럼 말이다.

김 선 태 《현대문학》으로 등단. 시집으로 『그늘의 깊이』 등이 있음. 시작문학상 등 수상. 현재 목포대 국문과 교수. ksentae@hanmail.net

김성규

심장

그 집은 혁명가들의 집이었지요 신고가 들어오고 수많은 사람들이 수갑을 차고 끌려 나갔어요 그때마다 놀라 집이 움츠러들었다 펴졌다 소리를 질렀어요 시뻘겋게 달아오른 그 집으로 날마다 창녀들이 드나들었어요 술과 웃음소리가 끊이지 않았아요 교성이 끊이지 않았다구요 그 집은 아이들의 집이었어요 소리 지르던 혁명가와 교성을 질러대는 창녀들의 자식이었고 근본 없는 것들의 천국이었어요 그 집은 관료들의 창고였어요 날마다 쓸데없는 이야기가 창고를 가득 채웠고 집이 터질 듯 부풀어 올랐죠 놀란 관료들이 집을 버리고 도망가자 그 집은 도박꾼의 집이고 농부들의 집이고 페미니스트들과 천사들의 집으로 변했죠 그 집이 사그라질 때 수많은 사람들이 몰려왔지만 정작 그는 아무 말이 없었어요 그는 말했죠 터지기 직전까지 우리는 달려가야 한다고

(화요문학 가을)

시 작 노 트

고정된 것으로 보이는 하나의 심장은 수많은 가능성을 잉태한 씨앗이다. 그 씨앗에서 덤불이 자라고 덤불의 가시덩굴을 지나다 피흘린 사람이 있고 핏자국이 선연한 덤불 아래서 짐승들이 숨을 몰아쉬며 불안한 눈을 번뜩인다. 덤불에서 날아오른 새들은 더 큰 공기의 덤불인 하늘 속으로 스며들고 하늘이라는 거대한 덤불도 사실 숨쉬며 커졌다 작아지길 박동하는 심장과 마찬가지로 늘 수많은 변화와 갈등과 죽음과 탄생을 품고 있다.

김성규 1977년 충북 옥천 출생. 2004년 《동아일보》 신춘문예로 등단. 시집으로 『너는 잘못 날아왔다』『천국은 언제쯤 망가진 자들을 수거해가나』가 있음. lamp2630@hanmail.net

김영재

보트는 달아났다는데

2017년 1월 5일
중앙일보 10면 하단

진흙탕에 엎어져 숨져 있는 아기 사진
미얀마 소수민족의 16개월 된 난민 쇼하예트

누가 왜 어째서
아기는 죽었을까

엄마품에 안겨서 피난 보트 탔다는데
군인의 총격을 피해 보트는 달아났다는데

(좋은시조 봄호)

시 작 노 트

생존. 경악. 참혹. 살인.
인간의 야만 · 야수성은
지구 위에서 오늘도 진행중이다.

김 영 재 1974년 《현대시학》 등단. 시집으로 『히말라야 짐꾼』 『화답』 『화엄동백』 여행 산문집 『외로우면 걸어라』 등이 있음. 고산문학대상 수상. 책만드는집 대표. chaekjip@naver.com

김이듬

습기 없는 슬픔

벽에 붙은 작은 사진들을 보며 걷다가 미로에 갇혔다
조용한 여름이었다
물이 천천히 떨어지기 시작했다

거짓말로 시작했다 나는 빈소에 있는 수많은 학생 사진을 보며 발을 옮기다가 팽목항에 도착했다 들끓는 여름이었다 흐르는 눈물을 멈출 수 없었다 이렇게 사실대로 바꾸면 나는 다시 나의 절망과 죄책감을 더욱 견딜 수 없다 딴청을 부리는

나의 습관은 자유이고 말과 눈물이 말라 처진 젖처럼 처참해도 할 수 없다 지금 나는 생각이 안 날 때 하는 습관대로 주먹을 꽉 쥐고는 두 주먹을 부딪쳐 뼈를 끼워 본다 표정은 항상 어긋나며 조금은 남고 조금은 모자라다

못 알아듣던 아버지는 조금씩 말문도 닫으셨다 장애 등급 때문에 검사원을 만났던 날에는 그의 질문에 어찌나 대답을 잘하시던지 참았던 오줌을 누기 시작하자 반 시간 동안 멈춰지지 않는 사람 같았다 아버지의 장애 등급을 올려 지원금 받으려던 기대는 수포

사랑하는 사람들은 꼭 나에게 되돌아왔다
떠나겠다는 말을 하려고

깨끗하고 어둡게
내 머리는 받아들이는데 발끝까지 신호가 안 가서 산스크리트어를 외며 다리를 찢어보는 밤
우울한 여름이 가고 더 우울한 달이 등 뒤에서 목을 조르는 밤의 월광
내 마음은 온몸 구석구석 흩어져 있어서 혹은 없어서 슬프지가 않다

감정은 내가 가진 전부지만 설명하려면 누추
문을 연다 닫지는 않는다 저절로 곧 닫힐 거니까
아버지, 이 돈이 전부예요 다음 달에도 드릴게요
나는 시작은 잘 한다 처음은 거짓말 같다

나는 무에서 무를 창조하며 신보다 부자
혼자 먹고 자며 혼자서 걷는다
누리는 독보권
미로 같고 유형지 같은 한밤의 복도에서
얼마나 오래 울지 않았는지 헤아려 본다
사람과 입을 맞추지 않은 세월과 겹친다
안 해도 좋은 셈
안 하는 게 나은 말

(시와표현 7월)

시 작 노 트

내 언어에 습기를 다오. 젖어서 못 알아볼 정도로.

김이듬 경남 진주 출생. 2001년 계간 《포에지》로 등단. 시집으로 『별 모양의 얼룩』 『명랑하라 팜 파탈』 『말할 수 없는 애인』 『베를린, 달렘의 노래』 『히스테리아』 『표류하는 흑발』 등이 있음. idumkim@daum.net

김지녀

쿠바에서 방배동으로 가는 버스

때도 모르고 터져 나오는 눈물 같은 것으로 나는 옆길로 빠지고
코를 풀면서 아무렇지않게 돌아온다

옷이 많아서
우유부단하고
땀을 많이 흘렸지만 정거장마다 사람들은 버스에 올라탄다
그리곤 잠에 빠진다
옆자리에 앉은 남자가 내 어깨로 자꾸 쏟아진다
햇살이 따가웠어 그날
애인처럼 내 어깨에 기대서 곤히 잠들었다가
남자는 갑자기 눈을 부릅뜨고 두리번거리더니 뛰쳐나간다

외로움은 이런 식이었지
정거장이 참 많아 옆자리 남자가 바뀌고 때론
여학생이 앉아 화장을 고치고
들뜬 기분으로 낭비된 하루는 섰다 가다를 반복한다
다음 정류장은 마흔
오르막이 있는 곳
떫은 열매가 떨어진다 잎사귀만 무성한 곳
마흔에 나는 내리지 못하고
그릇에 말라붙은 음식찌꺼기를 생각한다

옷이 많은데 옷을 사고
가방 속에 가방과 더 작은 가방을 넣고
더 큰 가방을 찾아다닌다 옆자리에 가방이 앉아 입을 크게 벌리고 있다
햇살이 따가웠어 그날
쓸데없이 젖은 휴지를 찢으면서 열정은 좋지 않은가?
약소국의 비애를 간직한 나라에서 사는 건
좋지 않은가? 좋지 그렇지 좋지
않지

가방 주둥이를 닫고
외로움은 이런 식이었지
내릴 곳은 많은데 내릴 마음이 없는
사람들이 올라탄다
다 내릴 때까지 기다리지 못하고 올라탄다
나는 나를 엿보면서 새로운 도시에 진입한다
다른 색으로 얼굴을 칠하고 마르기를
콧물과 우연이 마르기를
기다린다

(현대시 9월)

김지녀

시 작 노 트

누군가, 데워 놓은 자리에 앉을 때
누군가, 뒤에서 날 안아준 것처럼
누군가, 어떤 말을 남긴 것처럼

내가 앉았던 자리에서

누군가, 조금은 덜 외로웠으면
조금은 덜 추웠으면

김 지 녀 2009년 《세계의 문학》으로 등단. 시집 『시소의 감정』『양들의 사회학』 등이 있음.
yamsi97@hanmail.net

나태주

아리잠직

못생긴 것이
못생긴 것이
이쁘지도 않은 것이

오래도록 마음을 붙잡고
놓아주지 않는다

마음속 깊숙이 들어와
제가 아주 주인노릇을
하려고 한다.

(시와정신 가을)

시 작 노 트

시인의 사명으로 여러 가지가 있겠지만 그 중 제일로 막중한 일은 자기 조국의 언어를 아름답게 다듬고 그 말의 진수를 드러내주는 일일 것이다. 우리의 말은 참으로 아름답고 영혼 깊은 울림이 있다. 하늘, 어머니, 우물, 샘물, 새, 아기, 꽃, 사랑… 하나같이 그렇다.

이런 명사만이 그런 것이 아니라 형용사나 동사나 부사도 참 예쁜 말들이 많다. 시나브로, 즈려밟고, 잘람잘람, 아리잠직… 시는 이렇게 예쁜 모국어에 살을 입히는 작업이다. '아리잠직'. 아리땁고 조그마하다. 그 말이 품고 있는 뜻을 제대로 표현해내기에는 아무래도 나의 시가 역부족이지 싶다. 그래서 시인은 계속해서 시를 쓰지 않을 수 없는 일이다.

나 태 주 1971년《서울신문》신춘문예로 등단. 시집『대숲 아래서』외 38권이 있음.
tj4503@naver.com

나희덕

정직한 사람

그는 정직한 사람이다
거짓말을 하려면 상당한 노력이 필요하다

표정을 들키지 않기 위해
피가 묵처럼 굳을 때까지 기다려야 한다

매일 다른 얼굴이 주어지는 아침,
오늘의 얼굴은 어제의 얼굴을 기억하지 못하고

거짓말은 굳어갈수록
독기를 잃은 뱀의 말에 가까워진다

그는 정직한 사람이다
그러나 그는 거짓말의 중요성을 알고 있다

깊은 슬픔이 어떻게
거짓말 없이 전달될 수 있을까

연민보다 차라리 거짓말이 낫고
말의 순도보다 말의 두께가 중요한 순간이 있으니
독기를 잃지 않으면 할 수 없는 말도 있으니

누구도 쉽게 그것을 거짓말이라고 단정할 수는 없다
확정된 진실조차 없기에

정직함이 불가능해진 세계에서
정직함에 대한 부정직한 이해만이 무성한 소문을 만들어낼 뿐

그럼에도 불구하고 그는 정직한 사람이다

필사적으로 말을 더듬거리며
피가 묵처럼 굳을 때까지 기다리는 그는

(발견 봄)

시 작 노 트

하루하루 삶은 부조리극에 가까워지고, 진실과 거짓은 분간할 수 없는 것이 되어간다. 질문과 대답은 서로 어긋나고, 떠도는 말들은 유리병에 갇힌 파리처럼 붕붕거린다. 참말과 거짓말 사이에서, 유창한 말과 더듬거리는 말 사이에서, 연민과 증오 사이에서, 의심과 믿음 사이에서, 어제와 오늘 사이에서, 기억과 사실 사이에서, 사실과 진실 사이에서……

나 희 덕 1989년 《중앙일보》 신춘문예로 등단. 시집으로 『뿌리에게』 『그 말이 잎을 물들였다』 『그곳이 멀지 않다』 『어두워진다는 것』 『사라진 손바닥』 『야생사과』 『말들이 돌아오는 시간』 『그녀에게』 등이 있음. 조선대학교 문예창작학과 교수. rhd66@hanmail.net

2차 장마

꿈에 우산을 쓰고 걸었다
맑은 낮이었다

우산살 끝에
더위가 던지고 간 날짜가 매달려 대롱거렸다

축객령이 머무는 땅인가
소리가 사라지고 없었다

길 가운데 덩그러니 우체통이 있는
이상하나 낯익은 곳,
부치지 않은 여행지의 그림엽서와
마음에 붙이는 파스라는 말이 스쳐갔다

너를 버리러 너라는 장소로 가는 길이었다

소나기가 있었고
물을 찾아 동굴 속으로 뿌리를 내미는 나무처럼
나는 목이 말랐다

꿈밖에 쪼그려 앉은 배고픈 소년들이

길 끝에 있었다 그들은
나뭇가지를 모아 커다란 거미를 굽고 있었다
거미의 익은 관절부에서
희미하게 휘파람 소리가 빠져나왔다

문득 나는
오래 비워둔 나의 생활이 그리워졌다

(현대시 9월)

류 인 서 2001년《시와 시학》으로 등단. 시집『신호대기』등이 있음. ryuksy@hanmail.net

문성해

벤치

나는 앉아 있었죠
더럽고 낡은 벤치 위에

벤치는 잠깐 머무는 곳
집이 아니므로
나는 어제의 누군가처럼 잠시 앉아
멍하니 호숫가 백조들을 바라보았죠

호수는 이 공원의 가장 깊은 악보
백조는 이 공원의 가장 아름다운 선율이었으므로

나는 내일 도착할 우편물과
부랑자시설에서 죽은 고모와
오랜 세월 이 공원에 오지 않았던 날들도 생각 했죠

그리고 어느 해 겨울
부랑자 하나 서표처럼 꽂혀 있던 이곳과
그의 두꺼운 외투와 내용을 알 수 없는 보퉁이들도

그리고는 읽어 내려갔죠
그해 겨울 이곳의 주인이고 살림이고 체온이었던 그를

오래 펼쳐진 채 잠과 침과 얼룩으로 두툼해진
그의 페이지들을

악보도 선율도 어둠 속으로 스러지면
읽히지 않으려 서둘러 떠나가는 사람들 사이에서
나는 들었죠
조용히 나의 한 페이지가 넘겨지는 소리를

오래된 공원에
두툼한 우편번호 책처럼 펼쳐진 벤치가 있죠
아주 가끔씩 독서광인 나비가 앉았다 가죠

(시사사 9–10월)

시 작 노 트

공원에서 흐르지 않는 것은 벤치 뿐이다
흐르는 물, 흐르는 오리들, 흐르는 노래, 흐르는 사람들, 흐르는 웃음들
그러므로 벤치를 읽는 사람은 없다
어느 날 그 위에 오래 누워 있는 단 한 사람을 보았다

문 성 해 1998년 《매일신문》과 2003년 《경향신문》 신춘문예로 등단. 시집으로 『자라』 『밥이나 한번 먹자고 할 때』 등이 있음. chaein00@hanmail.net

문순자

감귤꽃 따다

결국 도루묵이다
내 밭에 또 꽃이 왔다
서너 번 태풍도 치른 2년생 감귤나무
'족아도 아지망'이라고
다닥다닥 내민 꽃들

차마 저들에게 어찌 열매를 바라랴
우연이듯 필연이듯 하필이면 내 생일날
생애 첫 꽃봉오릴 딴다
환향녀 같은 것들

폐원할 땐 언제고 이제 와 꽃타령이냐
찌직찌직 레코드판처럼 빈정대는 직박구리
농심은 천심이란 말
낯 뜨거워 못 하겠다

(시와소금 겨울)

시 작 노 트

폐원하고 10년 만에 다시 1년생 감귤나무를 심었다. 기다렸다는 듯 찾아온 태풍에 혹독한 신고식을 치른 그 이듬해, 난생 처음 그것도 죽을똥살똥 피워낸 감귤꽃. 호란에 끌려갔다 돌아온 환향녀마냥 대놓고 반길 수가 없다. 애가 애를 낳을 수 없듯 아직은 때가 아니므로. 그럼에도 불구하고 그 꽃을 따내야하는 내 손이 부끄럽고 민망하다.

문 순 자 제주 애월읍 구엄 출생, 1998년 《세기문학》 신인상, 1999년 《농민신문》 신춘문예로 등단. 시집으로 『파랑주의보』 『아슬아슬』, 시선집 『왼손도 손이다』 등이 있음. 시조시학 젊은시인상, 한국시조작품상 등 수상. barang2018@hanmail.net

문정희

메가폰을 든 시인

아르헨티나 전통시장 한가운데 서서
메가폰을 들고 시낭송을 한다
피 묻은 앞치마를 두른 정육점 주인이
한 손에 칼을 든 채 고개를 내밀고
어서 시를 들려주오! 만두가게 아줌마가
불룩한 만두를 팔다가
과일가게 생선가게 야채가게 꽃가게가
시를 듣고 싶어 안달이다
장사 안 된다고 투덜거리던 입 다물고
정치가 썩었다고, 경제가 서민을 죽인다고
떠들던 소리 꽉 꽉 다물어 침묵을 만들고
그 위에 살짝 미소를 얹고
세상에 쓸모없는 시를 청한다
좋다! 몸속의 불길이여, 솟아라
사람들아! 잠시 발을 멈춰라
핏빛 꽃으로 하늘아래
내가 피어 있다!
코리아 시인의 비명을 들어라!
집시가 아니라 장돌뱅이가
허공을 쥐었다 폈다 가락을 던진다
한 주부가 다가와 다급하게 조른다

시 10그램만 주세요. 참 싱싱하네요!
라틴 아메리카 500년 재래시장을
성냥불처럼 시를 그어대어 단숨에 제압했다고
엘 파이스라나?
에스파냐권 제일 큰 신문이 맨 위에다 실었다

(쿨투라 겨울)

시 작 노 트

《엘 파이스》는 스페인 어권에서 가장 영향력이 큰 신문이다.

프랑스의 《르 몽드》, 미국의 《뉴욕 타임스》처럼 권위있는 진보적 성향의 고급 신문이다.

그날 한 노신사가 다가와 인터뷰를 청했다. 그가 저널리스트인지 몰랐다.

"지금까지 시장 한가운데서 메가폰을 들고 시낭송을 한 적이 있느냐?"

"시장은 처음이다. 공원에서는 시낭송을 했다. 이상하게 참 후련하다."

그리고 그날 저녁, 세계에서 온 시인들 앞에 《엘 파이스》가 배달되었다.

문 정 희 1969년 《월간문학》으로 등단. 시집으로 『남자를 위하여』 『오라, 거짓 사랑아』 『양귀비꽃 머리에 꽂고』 『나는 문이다』 등이 있음. 현대문학상, 소월시문학상, 육사시문학상, 목월문학상, 스웨덴 시카다상 등 수상.

박권숙

나팔꽃

아침과 밤이 서로 놓쳤다 붙드는 손

넝쿨 반대쪽으로 쏠린 별을 일으키며

지축을 감아올리는

빛은 늘 맨손이다

날개를 꿈꾸지 않는 길이 어디 있으랴

옥쇄된 어둠을 뚫고 적색경보 나팔 불며

송이채 허공을 딛는

빛은 늘 맨발이다

(시와문화 가을)

시 작 노 트

여름아침의 순결한 빛은 나팔꽃의 푸른 잎으로 지축을 감아올리고, 나팔꽃의 붉은 꽃으로 허공을 딛고 온다. 해가 진 뒤 꽃밍울이 열리기 시작하여 이른 새벽에 활짝 피었다가 낮에 져 버리는 나팔꽃은 '모닝글로리'란 이름처럼 이른 새벽마다 내게 어둠을 뚫고 울리는 나팔인 양 새로운 아침을 열어주는 빛의 맨손이며, 세상을 향해 날아오르고 싶은 빛의 맨발로 찾아왔다.

박 권 숙 1991년 《중앙일보》 중앙시조지상백일장 연말장원으로 등단. 시집으로 『시간의 꽃』『모든 틈은 꽃핀다』『뜨거운 묘비』 등이 있음. 중앙시조대상, 이영도시조문학상, 노산시조문학상, 최계락문학상 등 수상. mariapks@hanmail.net

박기섭

서녘의, 책

굳이 말하자면
나는 이미
낡은 책이다
그러니까 그 책 속의
내 시도
한물간 시다
귀 터진 책꽂이 한쪽에
낯익고도 낯선 책
날을 벼린다손 금세 또 날이 넘는,
은유의 칼 한 자루
면지에 박혀 있다
찢어진 책꺼풀 사이로
붉게 스는
좀의 길
그 활판 그 먹활자
향기는 다 사라지고
희미한 종이 재만 갈피에 푸석하다
터진 등 덧댄 풀 자국
바싹 마른
서녘의, 책

(정형시학 봄)

시 작 노 트

어느새 서녘까지 왔다. 귀 터지고 덧댄 그 서녘, 그 풀 자국. 그러나 그것이 내겐 또 다른 미지의 풍경이다.

박 기 섭 1980년 《한국일보》 신춘문예로 등단. 시집으로 『키작은 나귀타고』 『묵언집』 『비단 헝겊』 『하늘에 밑줄이나 긋고』 『엮음 수심가』 『달의 문하』 『각북』 등이 있음.
haengongdang@hanmail.net

박라연

그는 따뜻한 오버랩이다

그는
모든 사람들이 지닌
신경줄기 몇 개쯤이 없지, 싶다는 말을
들은 적 있다

빠진 신경줄기 그 자리에
물과 불과 바람을 쟁였을 것이다
아무리 먹어도 줄어들지 않는
타자의 어둠까지 물리칠 양식이 되었다고
그를 조금은 안다고 생각했지만

*용산서원 준공식 그 날은
탄핵소추안이 선포된 딱 그 날이어서
내 고향 율포 바다 서녘을
그가
함께 바라봐준다는 생각만으로
가난한 색으로 출렁이던 옛날을
그 큰 바다의 바닷물을
붉은 희열로 바꿔버릴 줄은 몰랐다

그는 따뜻한 오버랩이다

세계가
단 한명의 잘 익은 내면만으로도
따뜻하게 출렁일 수 있다면

그를 추천하고 싶다

누군가의 시린 발등 아래
어두운 처처 그 아래

(창비 봄)

* 전남 보성 광곡리 2016. 12. 9. 진원박씨문중 개축완성 기념식

시 작 노 트

학창시절엔 친구가 내 옆을 둥글게 에워쌀 정도였다. 나는 골목 끝에 살았다. 골목이 친구들로 가득했다. 가난한 처지인데도 등하교 길은 물론 놀러갈 때 걱정이 생길 때 찾아왔다. 데뷔 후 나를 찾는 대상이 더 다양해졌다. 어떤 독자는 하늘에 전화하고 싶은 데 불가능해서 내게 전화했다고도 했다. 누가 다가올 때 여전히 두려움을 모른다. 이 시의 그 분처럼 따뜻하지도 못하다. 그런데 신경줄기 몇 개는 없다. 상처는 늘 그래서 생기고 축복 또한 그래서 생길까.

박 라 연 1990년《동아일보》신춘문예로 등단. 시집으로『서울에 사는 평강공주』『생밤 까주는 사람』『너에게 세들어 사는 동안』『공중 속의 내 정원』『빛의 사서함』『노랑나비로 번지는 오후』『우주 돌아 가셨다』등이 있음. 윤동주상 문학부문 대상, 박두진 문학상 등 수상. bry926@hanmail.net

박명숙

반납

작은 새가
울컥,

작은 혀를 내뱉었다

말랑한,
붉은 살점을

세상에 반납했다

노래를
뽑아 던지자

뜰의 앞니도 빠져나갔다

(오늘의시조시인회의 연간지)

시 작 노 트

노래 따로, 몸 따로 ......치욕스런 이월이다.

죽은 자들을 떠올린다.

박 명 숙 1993년 《중앙일보》 신춘문예 시조 당선과 1999년 《문화일보》 신춘문예 시 당선으로 등단. 시집 『은빛 소나기』 등이 있음. 중앙시조대상 등 수상. pms5507@paran.com

박소란

개를 찾는 사람

누구에게나 개는 있습니다
어떤 개는 별안간 사라집니다 알 수 없는 곳으로

개란 원래 그런 것입니다
개의 세계를 온전히 이해하기란 불가능한 것입니다

어떤 사람은 사라진 개를 잊지 못합니다 잊지 못해 병이 들곤 합니다
어떤 사람은
개가 되고 싶습니다 사람을 버리고, 고작
사람을

개의 보드라운 털과 먼 곳을 응시하는 눈빛 같은 것을 사랑하게
됩니다

그는 차츰 개를 닮아갑니다
개처럼 곤히 웅크리거나 또 금세 몸을 일으켜 컹컹 짖곤 합니다
컹컹 울곤 합니다
그 모습을 알아채는 이는 많지 않습니다

개는 어디에 있나요 잃어버린 개를 찾는 사람은
전봇대에 나붙은 전단을 물끄러미 들여다봅니다 칠흑의 혀를 빼

문 골목을 서성이다 맥없이 주저앉곤 합니다
다시 네 발로 터덜터덜 돌아와 눕곤 합니다

영원을 생각합니다 다른 무엇도 아닌 개로 인해
신은 존재합니다
당신은 왜 개의 얼굴을 하고 있습니까 신이시여 개의 얼굴로
기도합니다

무릎을 꿇고 앉아 고개를 숙인 사람 곁으로 앙상한 뼈다귀를 입에 문 사나이가 다가와 넌지시 속삭입니다
개는 돌아올 것입니다 개를 찾는 사람에게로
어느 날 문득 예의 희고 기다란 꼬리를 흔들며, 안녕

보이지 않는 개가 한 사람을 유유히 끌고 갑니다

어떤 사람은 별안간 사라집니다

(문학동네 여름)

시 작 노 트

보이지 않는 것을 믿는다. 보이지 않는 사람을 깊이 사랑한다. 그로부터 어떤 부름을 기다리며 시간은 스스로를 무릅쓰고, 계절은 하나의 참된 표정을 연습하는 것이다. "네, 저 여기 있어요!" 기꺼이 응답하기 위하여.

박 소 란 2009년 《문학수첩》으로 등단. 시집 『심장에 가까운 말』이 있음. noisepark510@hanmail.net

박시교

사람의 향기

잘 늙어가는 선배에게서 느껴지는 사람 냄새

부딪치고 갇히고 주저앉고 울분 삼켰던 그 인고의 오랜
세월 홀로 용케 잘 견뎌낸 뒤에야 얻은 마른수수깡 같은
더없이 가벼운 그 표정, 잠시 눈감고 손잡으면 편안했을
유혹 끝내 뿌리치고 스스로 지은 감옥에 기꺼이 가두길
주저치 않았던 소슬한 그 생각

냉엄한 삶 끝에 묻어나는 은은한 그 향기.

(정형시학 봄)

시 작 노 트

'조금은 바보스러운 사람' 몇을 동무 하며 산다. 얼마나 행복한가. 가끔씩 만나서 나누는 막걸리 맛이 또 얼마나 즐거운지. 무엇을 더 바라겠는가.

박 시 교 1970년 《현대시학》으로 등단. 시집으로 『겨울강』 『독작獨酌』 『아나키스트에게』 『13월』 등이 있음. 한국시조대상 등 수상. sigyo@naver.com

박영희

묵화墨畵

잠긴 노을 서러운 날
먹물 찍어 붓을 든다

은혜로운 이 하루가
너로 하여 소슬할까

단숨에
능선 한 획이
하늘을 받쳐 선다

(포에지 하반기)

시 작 노 트

먹으로 그림을 그리는 일은 시를 쓰는 것과 크게 다르지 않다. 대상에 대한 묘사가 언어에서의 상징과 너무 닮아 있을 때가 많나. 화선지 한 장과 원고 한 매의 크기는 다르지만 표현의 넓이와 깊이는 차이가 없다. 나는 오늘도 붓끝에 먹물 듬뿍 묻혀 시의 경계에 선 하나를 긋는다.

박 영 희 부산 출생. 서울대 법대 졸업. 시집으로『눈빛으로 먼빛으로』『그 잠깐 소낙비에』 등이 있음. 한국시인협회 회원. holly971@naver.com

박은정

수맥水脈

사악하고 아름다운 눈으로
나의 몸을 거닐던 사람

잠수부는 산소통을 버리고 완성하지 못한 심해의 색에 골몰한다

붉은 딱새들이 흔들리며 놀던 밤

돋아난 눈을 감으면 물에 번지는 손금이 있었다

오늘의 나는 낯설구나

머리칼이 한 줌씩 빠질 때마다
돌멩이는 심해 속으로 떨어진다

불면의 밤이면 유예된 꿈을 점쳤다

비문의 구름이 끝없는 장벽을 넘어가는 동안 박제된 물결 속에서 눈물도 없이 울음을 쏟아내던

잠수부는 눈 없는 물고기를 오래 바라본다
자신의 죽음을 복기하듯

누군가 나의 발을 흔들고 있어

악몽은 장롱 속에서
다른 사람으로 하루만큼 자라고

눈을 뜨면 검은 고라니가 죽어나가는 방

돌아오지 못한 자들의 꿈은 누구의 물거품인가

전생을 거듭한 한 영혼이
기묘한 부처의 표정을 짓는다

(시작 가을)

시 작 노 트

수맥이 흐르는 방에서 꿈을 꾼다. 그 꿈은 물로 이루어진 세계이자 발이 닿지 않는 세계이다. 이 수맥의 세계에서는 모든 것들이 번지고 낯설기만 하다. 누군가를 구하려는 잠수부의 손끝과 산소통을 버리고 같이 죽음을 택하는 한 사람의 심정이 여기 있다. 수맥 속에는 바다가 있고 바다를 떠올리면 어린 죽음이 떠오르던 시절. 잠수부는 미처 손을 내밀지 못한 사람들의 머리칼을 모아 밧줄을 만들어 전생을 거듭하는 한 영혼을 위로한다.

박 은 정 2011년 《시인세계》로 등단. 시집으로 『아무도 모르게 어른이 되어』가 있음.
frenzy8559@naver.com

박찬일

줄줄이 사탕

멀리서 보면 줄이 보인다고 말하네, 만리장성이 보이듯

줄줄이 사탕, 줄에 갇혀 있다고 말하네
더 빠르게 갈 수도 더 느리게 갈 수도 없는 거라고
삶의 한가운데가 아니고 줄의 한가운데에 있는 거라고
줄의 끝에 무엇이 도사리고 있는 것은 분명하지만
줄에서 이탈할 수 없는 거라고
2열 종대; 가스실을 향해 행진하던 유대인들의 운명에
줄은 적어도 위안이 아니었을까 사탕이 아니었을까

세상을 수많은 줄들이라고 말하네
줄의 끝에 무엇이 도사리고 있는 줄 알지만
자기 행로가 있고 행로에서 이탈할 수 없는 거라고
줄이 줄줄이 사탕이라고.

(쿨투라 겨울)

시 작 노 트

환각 증세를 즐기는 것이 잊히지 않는다. 그런 방향으로 인생이 굴러갔으면 좋으련만 희망사항이고, 지각하는 방식에 관해 생각한다. 스핑크스라는 눈이 있고 부엉이라는 눈이 있고 도마뱀이라는 눈이 있고, 그렇더라도 인류는 혼자인가? 물으면 '예스, 혼자올시다'가 된다. 이러지도 못하고 저러지도 못하는 신세가 오래 간다.

박 찬 일 춘천 출생. 1993년 《현대시사상》으로 등단. 시집으로 『나비를 보는 고통』『나는 푸른 트럭을 탔다』『모자나무』『하느님과 함께 고릴라와 함께 삼손과 데릴라와 함께 나타샤와 함께』『인류』『북극점』『수정본』『중앙SUNDAY-서울 1』『아버지 형이상학』 등이 있음. 유심작품상, 박인환문학상, 이상시문학상 등 수상. nabi56@naver.com

박형준

백년 도마

도마가 그립다
이제 아무도 살지 않는
고향 집 부엌에
도마는 여전히 거기 있을까

감나무로 만든 도마
우리 집 여자라면
한 번쯤 단단히 스쳐갔을
칼집 난 자리가
집안의 손금이 되어버린
백년 도마

다른 건 몰라도
생명선은 길어서
그대로 있을지 몰라

가마솥에 밥물이 끓어 넘치면
솥뚜껑을 열어 제치고
뭉텅뭉텅 김치를 썰어
척척 밥에 감아 먹던
치매 할머니와

얼굴 한번 못보고
시집와선
눈썹과 눈썹이 달라붙은
신랑이 미워 첫날밤에
양미간의 눈썹을 뜯어 넓혔다는
어머니의 매운 손매와

김칫독에서 막 꺼낸
살얼음 낀 김치를 썰 때
도마에시 나던
초겨울의 소리
그립다

(시인수첩 봄)

시 작 노 트

고향집은 폐가가 되었지만, 찢어진 창호지 틈으로 들여다보면 방안에 여전히 부모의 옷가지가 보이고 부엌 어딘가에 할머니 적부터 내려온 백년 된 도마가 있다.

박 형 준 1991년 《한국일보》 신춘문예로 등단. 시집으로 『나는 이제 소멸에 대해서 이야기하련다』『빵 냄새를 풍기는 거울』『물속까지 잎사귀가 피어있다』『춤』『생각날 때마다 울었다』『불탄 집』 등이 있음. agbai@naver.com

복효근

꽃을 보는 법

꽃이 지고 나면 그뿐인 시절이 있었다
꽃이 시들면 바로 쓰레기통에 버리던 시절
나는 그렇게 무례했다

모란이 지고 나서 꽃 진 자리를 보다가 알았다
꽃잎이 떨어진 자리에 다섯 개의 씨앗이 솟아오르더니 왕관 모양이 되었다
화중왕花中王이란 말은 꽃잎을 두고 한 말이 아니었던 것이다
모란꽃은 그렇게 지고 난 다음까지가 꽃이었다

백합이 지고 나서 보았다
나팔 모양의 꽃잎이 지고 수술도 말라 떨어지고 나서
암술 하나가 길게 뻗어 달려있다
꽃가루가 씨방에 도달할 때까지 암술 혼자서 긴긴 날을 매달려 꽃의 생을 살고 있었다

꽃은 그러니까 진 다음까지가 꽃이다
꽃은 모양과 빛깔과 향기만으로 규정되지 않는다
사람과 사랑이 그러하지 않다면
어찌 사람과 사랑을 꽃이라 하랴

생도 사랑도 지고 난 다음까지가 꽃이다

(문예연구 가을)

시 작 노 트

모란이 졌다고 슬퍼하지 않기로 한다. 지고 나서 완성되는 모란을 보았다. 꽃이 지고 난 다음에야 비로소 꽃을 본 것이다. 그 모양과 빛깔과 향기로 볼 수 없었던 아름다움을 본다. 사랑도 삶도 이와 같아서 그것의 꽃다움은 그것이 끝나고 나서 규정되는 것 아닌가 하는 생각이 든다.

복 효 근 1991년《시와 시학》으로 등단. 시집으로 『따뜻한 외면』, 『꽃 아닌 것 없다』 등이 있음. 신석정문학상 수상. bokhg62@hanmail.net

서숙희

겨울 덕장에서

누구나 삶 앞에서는 순교자가 되는가
한 자루 칼을 받듯 똑바로 하늘을 보며
시퍼런 수평선에다 부릅뜬 목을 걸었다

헛되이 차올랐던 무르고 비린 것들
깨끗이 비워내고 등뼈 하나로 남은 몸
흰 눈발 쏟아지는 채찍을 전율하듯 받았다

빈 몸 가득 바람의 살 단단하게 차오르고
햇살의 잔뼈들도 순정하게 꽂히니
마침내 황홀한 열반 같은, 잘 마른다는 이것

(대구시조 21호)

시 작 노 트

청춘이라는 이름으로 함부로 들이킨 헛된 욕망의 바다.

거기 빠져 허우적댔던 날들이 있었던가.

이제 거기서 나와 저 투명한 동해 바닷가 겨울 덕장에 섰느니.

내 안에서 차올랐던 무르고 비린 것들을 하나씩 호명하며 스스로 깨끗이 말라갈 것이로다.

서 숙 희 《매일신문》, 《부산일보》 신춘문예 시조 당선으로 등단. 시집으로 『물의 이빨』 등이 있음. 백수문학상, 김상옥시조문학상, 이영도시조문학상 등 수상. ssh3535@korea.kr

손정순

다시 후포

속죄의 길 트려고 동해 끝으로 간다
달려도 달려도 사라지지 않는 明沙十里
울진 바닷가 애기 무덤 끼고 간다
오징어 덕장엔 아직 옛 바람 부는데
색 바랜 평해 민박집 차창으로
젊은 과부의 그물만 靑海를 끌어안고 있다
서로 흥정하며 펄럭이는 저 햇살 속
붉은 내 심장 꺼내 말릴 수 있을까
멈추지 않는 편두통처럼 알알이 몰려드는 새떼들
갓바위, 망사정, 하얀 등대, 빨간 등대
내 삶의 그림자 잠시 머물다간 해파랑길
태양과 밀당하는, 문턱 없는 풍경이다
시간의 제지조차 받지 않고 넘나드는 저 신구의 경계!
푸르고, 붉은, 양철지붕 위로 제각각 반사된
저녁 빛이 말 건넨다
그대, 한 사람 버린 일로 울어본 적 있는가
작은 통통배 한 척 후포항 떠나고
옛 봉홧불 피우는 등기산 흰 등대만
감춰진 회한의 거리, 꾸역꾸역 삼키고 있다

(문학사상 3월)

시 작 노 트

아침에 눈을 뜨면, 돔이 젊은 날의 나처럼 팔딱거리는 후포로 가고 싶다. 늘…

손 정 순 경북 청도 출생. 2001년 《문학사상》으로 등단. 시집으로 『동해와 만나는 여섯 번째 길』과 저서로 『흰 그늘의 미학, 김지하 서정시』, 『목월 詩의 현대성』 등이 있음. 문화잡지 《쿨투라》 편집인. more-son@hanmail.net

손택수

저녁의 소리

종소리는 내겐 시장기 같은 것, 담벼락이나 슬레이트 지붕 위에 올라가
고양이처럼 오도마니 웅크려 앉은 저물녘이면
피어나는 분꽃과 함께
어린 뱃속에서 칭얼대며 올라오던
소리와도 같은 것

그 굴풋한 소리를 그리워하며 살게 될 줄 어찌 알았을까만
야채트럭의 마이크 소리가 골목을 돌고,
저문 여울 속에서 배를 뒤집는 피라미 떼처럼
반짝이는 새소리가 살아나고,
담벼락 위에 사다리를 걸치고 올라간 옆집 누나의 숨 막히게 눈부신 종아리,
종아리처럼 하얀 물주기가 화단에 떨어지는 소리도 들려오고

어쩌면 먼지 풀풀 날리는 소음으로나 그쳤을 이 많은 소리들을
종소리는 내게 주고 간 것이 아닌가
그 소리들도 멀어지는 종소리를 듣기 위해 가만히
멈춰서 있었던 것이 아닌가
싶기도 했던

종은 찬장에 엎어놓은 밥그릇과 같아서,
나는 밥그릇을 하늘 위에 올려놓고 줄을 당기는 종지기가 되고 싶었는데
이상하다, 그 종소리가 내 귀엔 아직도 울리는 것이
종소리 없인 저녁이 오지 않는 것이

(시인동네 9월)

시 작 노 트

구양수에 따르면 시가 가장 잘 떠오르는 곳 3곳이 있으니 '말잔등, 침실, 화장실'이 그곳이다. 이성이 아닌 몸에 가장 가까운 장소들이다. 내게는 저녁의 시간대가 그렇다. 소멸의 느낌 앞에서 나는 겨우 나다워진다.

손 택 수 1998년 《한국일보》 신춘문예로 등단. 시집으로 『호랑이 발자국』 등이 있음.
ststo700@hanmail.net

송재학

고라니 울음

고라니 울음에 고라니가 없다
순한 눈을 생각한다면 나올 수 없는 소리이다
쿠웨웨엑 울음은 고라니가 제 몰골과 성대와 성격을 기이하게 변형시켜서 내는 신음이다
폭우가 심하던 날 몸 비비며 울던 고라니의 덩치가 고스란히 보였다
왜 그렇게 울었을까 짐작해보니 누군가 저렇게 울었다
일찍 죽은 동생을 두고 사촌 형이 저렇게 울었다
울지 않던 사람이 울었다
어떤 울음에는 네 발이 보인다
그는 종일 슬프기만 했는데도 짐승이었다
고라니 울음에도 육식동물이 기웃거리고 있다

(동리목월 겨울)

시 작 노 트

고라니 울음소리를 비 오는 늦은 밤에 홀로 들었다면 모두 같은 생각을 했을 것이다. 시각보다 더 생생한 것이 청각이었다. 시각보다 서사가 더 풍부한 것이 청각이 아닐까 하는 의심을 한 것도 고라니 덕분이었다. 다시 듣고 싶지 않은 괴로운 소리였지만, 시간이 지나니 다시 확인하고픈 기묘한 울음이다.

송 재 학 1955년 경북 영천 출생. 1986년 계간 《세계의 문학》으로 등단. 시집으로 『검은 색』 등이 있음. re6666@hanmail.net

17번 홀에서의 무반주 첼로 독주

첼로 홀로 무대 한가운데 앉아 있다
첼로 연주자와
첼로 악보는
술주정뱅이 음악과 함께 아직 이곳에 도착하지 않았다

세계는 루머로 가득 차 있다
신흥 종교가 발생한 복음의 땅으로 황금 좌변기들이 떼 지어 날아간다
양귀비들은 다시 국경을 넘었다 이제 그 붉은 난민들을 받아줄 곳은 지상 어느 나라도 없다
어느 도시에서는 독특한 시위 방법으로, 정기적으로 창밖 거리로, 일제히 냄비를 집어 던진다
아라비안나이트는 파탄이 났다 양탄자와 요술램프가 전격 이혼을 발표했다
세계는 곧 어두워졌다
객석에 검은 별들이 듬성듬성 박혀 있다

첼로는 여전히 무대에 고적하게 앉아 있다
연미복 첼로 연주자와
양피지 첼로 악보는
비틀거리는 음악을 부축하고

연주회장을 찾기 위해 미친 듯이 골짜기를 헤매고 있다
조명이 첼로를 한번 환하게 비췄다가 다시 흐려졌다
객석의 어둠 속에서 다이아몬드는 턱을 깎았다
개똥지빠귀는 핏빛 일몰의 유언장을 물고 날아왔다

의자에서 첼로가 천천히 일어섰다
그들이 오고 있다!
거대한 철탑의 송전선이 산 넘어 오고 있다
자외선이 쏟아지고 있다
오로라 살인자가 오고 있다
자작나무 흰 도끼가 도시를 벌목하러 오고 있다
연미복 첼로 연주자와
양피지 첼로 악보가
비틀거리는 음악을 부축하고
장작더미 위로 오르고 있다
활활활 연주가 불타고 있다!

(발견 가을)

시 작 노 트

근래 음악과 악기에 대해 시를 여러편 썼다 다시 그 시들을 들여다 보니, 여전히 소음의 수준에 머물고 있는 것 같다.

송 찬 호 1959년 충북 보은 출생. 1987년 《우리 시대의 문학》 6호에 작품을 발표하면서 시단에 나옴. 시집으로 『흙은 사각형의 기억을 갖고 있다』 『10년 동안의 빈 의자』 『붉은 눈, 동백』 『고양이가 돌아오는 저녁』 등이 있음. 이상시문학상, 대산문학상, 미당문학상, 김수영문학상, 동서문학상 등 수상. sch2087@hanmail.net

화살나무

젊어서는 소리깨나 했다
육자배기 가락을 크게 한 바퀴 돌아서

손가락에 반지를 꿰듯 고향엘 들렀다, 타관에 들어서는 드높던 목청이 절구통 수챗구멍으로 졸졸 새나가는 통에 주저앉았다

조왕신이 들러붙은 거겠지 북채로 이랑을 갈고 쨍과리로 도랑을 파보았댔자, 농사에는 젬병이었다 두드리면 마른 흙 툭툭 부서지는

농사월력 너머 흙벽으로는 자식 여섯을 낳아 길렀다 봉제공장으로 신발공장으로 읍내 농고로 그나마 사람노릇 하는 셋을 보내고

남은 셋은 버버리였다 소리귀신이 들러붙어서, 밑을 탄 내복 입혀 고방에 가두어두어도 피붙이라는 게 풀기엔 질척이고 엮기엔 짧은 이끼나 매한가지

굴 껍데기 갑오징어 뼈에 마른 닭똥을 갈아 만든 고약을 발라서 침독 오른 입언저리 번들번들, 볕 좋은 날에는 마당가에서 서로 이나 솎으며

소라고둥 배를 타고 뜰방을 건너는 채송화 고깔모자나 툭툭 터트리며, 베잠방이로는 피가 배어 나오는 줄도 모르고

울력하고 매구치고 품앗이하고 새참 먹고 강팍한 욕지거리에 등짝이 굽어서 농사라야 저마다 외로 된 몸뚱이가 지어온 업으로

몇 방울 먹물에 스미면 이름이야 뭐가 되었든 좋으니 농사꾼은 절기를 손끝으로 더듬고 소리꾼은 말씨보다 울대가 먼저 지은 몸의 내력

사지육신에 맞춤한 구덩이를 파고 사방 벽을 두른 다음 지붕을 해 얹고 울타리로는 화살나무를 심었다

잔털 하나 없는 이파리마다 뾰족한 톱니, 줄기로는 희고 널따란 날개를 달고, 오종종한 가지 끝은 칼날을 벼린 듯

화살나무, 울안으론 한 뼘도 들이지 않으려 갈기갈기 달아나는 하늘 봐라 모래 한줌 손에 남지 않는 것은 누구도 제 살던 곳으론 선선히 돌아오지 않는 탓

신동옥

더는 정처 없음에 들리지 않으리라 싹틔운 떡잎은 저이끼리 뭐라고 뭐라고 속삭이더니 새잎 곧 피어나는 줄기마다 신명나게 서슬 퍼런

화살나무, 울 아래 잠든 적 있다 오래 배긴 옹이에 이마를 대고.

(현대시 12월)

시 작 노 트

이 작품은 2013년 가을《대산문화》에 발표하고, 산문집『서정적 게으름』에 수록한「언젠가 멈춘 자」를 바탕으로 한다. 거기, 오래 전 작고한 두 분 작은할아버지의 삶을 엮어 행간을 이어 시로 다시 썼다.

신 동 옥 2001년《시와 반시》로 등단. 시집으로『악공, 아나키스트 기타』『웃고 춤추고 여름하라』『고래가 되는 꿈』등이 있음. poetman77@hanmail.net

신철규

심장보다 높이

욕조에 몸을 담그고 있는데 전기가 나갔다
밖에는 비가 내리고
녹슨 슬픔들이 떠오른다
어두운 복도를 겁에 질린 아이가 뛰어간다

바깥에 아무도 없어요?
내 목소리가 텅 빈 욕실을 울리면서 오래 떠다니다가 멈춘다

심장은 자신보다 높은 곳에 피를 보내기 위해 쉬지 않고 뛴다
중력은 피를 끌어내리고
심장은 중력보다 강한 힘으로 피를 곳곳에 흘려보낸다

발가락 끝에 도달한 피는 돌아올 때 무슨 생각을 할까
해안선 같은 발가락들을 바라본다

우리가 죽을 때 심장과 영혼은 동시에 멈출까
뇌는 피를 달라고 아우성칠 테고
산소가 부족해진 폐는 조금씩 가라앉고
피가 몸을 돌던 중에 심장이 멈추면 더이상 추진력을 잃은 피는 머뭇거리고
나아갈 수도 돌아갈 수도 없고

신철규

할말을 찾지 못해 바싹 탄 입술처럼
그때 내 영혼은 내 몸 어딘가에 멈춰 있을까

물이 심장보다 높이 차오를 때 불안해하지 않는 사람은 없다
깊은 물속으로 걸어 들어갈 때
무의식중에 손을 머리 위로 추켜올린다

무너질 수 없는 것들이 무너지고 가라앉으면 안 되는 것들이 가라앉았다
꿈속의 얼굴들은 반죽처럼 흘러내렸다
덜 지운 낙서처럼 흐릿하고 지저분했다

누군가가 구겨버린 꿈
누군가가 짓밟아버린 꿈

어떤 기억은 심장에 새겨지기도 한다
심장이 뛸 때마다 혈관을 타고 온몸으로 번져간다

나는 무섭고 외로워서 물속에서 울었다
무섭기 때문에 외로웠고
외로웠기 때문에 무서웠다

고양이가 앞발로 욕실 문을 긁고 있다

다시 전기가 들어오고 불이 켜진다
물방울을 매달고 있는 흐린 천장이 눈에 들어오고

어둠과 빛 사이에서 김이 모락모락 피어오른다
서로를 조금씩 잃어가면서
서로를 조금씩 빼앗으면서

납덩이가 된 심장이 온몸을 내리누른다

(문학동네 겨울)

시 작 노 트

전 지구적인 재앙의 네트워크에서 자유로운 인간은 없다. 육체가 쉬는 동안에도 영혼은 끊임없이 불안 속을 헤맨다. 한 번 육체를 얻으면 더 이상 빠져나올 수 없는 족쇄인 삶, 그리고 죽을 수밖에 없음에서 비롯된 '순수한 유괴'(레비나스)로서의 죽음. 어둠과 빛이 교차하는 그 순간, 우리의 영혼도 함께 명멸하고 있지 않을까. 이 죽어가는 몸속에서 영혼의 탈출구가 보이지 않는다.

신 철 규 2011년 《조선일보》 신춘문예로 등단. 시집으로 『지구만큼 슬펐다고 한다』가 있음. 12340158@hanmail.net

안도현

줄포만

아버지는 붉은어깨도요 1664마리, 민물도요 720마리,
알락꼬리마도요 315마리에게 각각 날개를 달아주고 눈알을
닦아주었다 그들의 부리를 매섭게 갈아 허공에 띄워 올리는 일이
남았다

가을 끄트머리쯤에 포구가 폐쇄된다고 한다

아버지의 눅눅한 사타구니로 자글자글 습기가 번질 것 같다
어머니가 먼저 녹슬고 서글퍼져서 석유 곤로에 냄비를 얹겠지

나는 가무락조개 빈 껍질처럼 하얗고 얇구나 수평선을 찢을 배
한 척 어디 없나

(시사사 9 · 10월)

안도현 1961년 경북 예천 출생. 1981년 《대구매일신문》, 1984년 《동아일보》 신춘문예로 등단. 시집으로 『서울로 가는 전봉준』 『모닥불』 『그리운 여우』 『바닷가 우체국』 『너에게 가려고 강을 만들었다』 등이 있음. ahndh61@chol.com

소동

밀가루를 뒤집어쓰고 거리로 나왔다
슬픔을 보이는 것으로 만들려고

어제는 우산을 가방에 숨긴 채 비를 맞았지
빗속에서도 뭉개지거나 녹지 않는 사람이라는 것을 말하려고
퉁퉁 부은 발이 장화 밖으로 흘러넘쳐도
내게 안부를 묻는 사람은 없다

비밀을 들키기 위해 버스에 노트를 두고 내린 날
초인종이 고장 나지 않았다는 것을 말하기 위해
자정 넘어 벽에 못을 박던 날에도

시소는 기울어져 있다
혼자는 불가능하다고 말한다

나는 지워진 사람
누군가 썩은 씨앗을 심은 것이 틀림없다
아름다워지려던 계획은 무산되었지만
어긋나도 자라고 있다는 사실

기침할 때마다 흰 가루가 폴폴 날린다

안희연

안희연

이것 봐요 내 영혼의 색깔과 감촉
만질 수 있어요 여기 있어요

긴 정적만이 다정하다
다 그만둬버릴까? 중얼거리자
젖은 개가 눈앞에서 몸을 턴다
사방으로 튀어 오르는 물방울들

저 개는 살아있다고 말하기 위해
제 발로 흙탕물 속으로 걸어 들어가길 즐긴다

(현대시 10월)

안희연 2012년 《창비》 신인시인상으로 등단. 시집으로 『너의 슬픔이 끼어들 때』가 있음.
elliott1979@hanmail.net

엄원태

양파들

양파들, 자진하느라 냄새를 피운다
한동안 다용도실이 권력의 중심이다
진동하는 포자들로 실내를 장악할 뿐,
국기 문란이라며 엄포를 놓거나 전경을 동원하거나 하진 않는다
설사 권력을 남용한다 한들
상해가는 양파들의 운명이란 풍전등화와 다름없을진대,
이 와중에 바람 앞 촛불의 위태로움을 논했다가
장렬한 최후를 맞이하는 똥파리들도 심심찮게 등장했다

냄새란, 대면보고 같은 게 원체 필요 없었다
전격적이지만 내성적이기도 해서
은밀하지만, 고집불통일 수밖에 없기도 한 것이었다
진실이란, 어차피
까놓든 벗겨놓든 거기서 거기라는 게
확고한 신념이자 그럴듯한 저들만의 논리였던 셈

다만, 양파는 자신의 거취 따위를 남에게 묻지 않는다
변명 같은 건 끝내 없었다
대저 목숨 가진 것들의 가야 할 길을
그들도 잘 알고 있다는 거다
가야 할 때가 언제인가를

엄원태

분명히 알고 가는 이의 뒷모습*처럼
비록 아름답지 않아도 그다지 슬프지 않았다

어머니께선 양파가 더 상하기 전에
장조림이라도 담가야겠다고 말씀하시는데,
개들에게는 겨울 내내 선입견이 없었다**
애꿎은 날씨는 유독 추운 겨울을 예고했고
우리 집엔 아직도 양파들이 넘쳐난다

(시인동네 1월)

* 이형기, 「낙화」

** 이장욱, 「뼈가 있는 자화상」

시 작 노 트

다시 읽어 보니, 양파들에게만 미안하다.

엄 원 태 1990년 《문학과 사회》로 등단. 시집으로 『물방울 무덤』 『먼 우레처럼 다시 올 것이다』 등이 있음. candooo@hanmail.net

염창권

저녁의 눈꺼풀

길 위의 발목들이 다 집으로 돌아간 뒤
골목은 기다랗게 담을 따라 휘어졌다
기우뚱 직립을 풀어낸
신발장이 조용하다

헐한 날의 약속들은 입 속에 살아 있어
밖으로 튀어나와 소리치던 하루 낮이
너붓한 식탁 위에서 더부룩이 쌓인다

신 밑에 모여 앉은 지붕들이 꾸벅일 때
살 틈에 길을 내어 밤 마중을 나서는지
저녁의 눈꺼풀 아래 창을 가만 닫는다.

(시조21 가을)

시 작 노 트

우리의 삶은 어디에 정주하는가? 밤과 낮, 그 경계 지점에서 저녁의 눈꺼풀이 열렸나가 닫힌다. 실상 어둠, 밤, 죽음 등은 삶의 처소이사 어머니의 품과 같은 양육적 가치를 실현한다. 가만히 창을 닫고 불을 끄는 방안에서 풍겨오는 안온함, 그곳에는 내밀의 무한이 깃들어 있다.

염 창 권 1990년 《동아일보》(시조)와 1996년 《서울신문》(시) 신춘문예로 등단. 시집으로 『그리움이 때로 힘이 된다면』『일상들』과 시조집 『햇살의 길』『숨』『호두껍질 속의 별』 등이 있음. 한국시조시인협회상, 중앙시조대상 수상. gilgagi@hanmail.net

모래 배꼽

목마름이 어둠보다 더 짙은 고요 될 때
모래와 모래가 부딪혀 사각이는 소리
바람은 그 어딘가에 생명을 숨겨 놓는다

사막의 한 가운데 움푹 파인 모래 배꼽
그 속에 꿈틀거리는 도마뱀 한 마리
원시의 기억을 세워 제 몸을 낮춘다

바람이 휘몰아 친 모래언덕 그 아래
침묵 뚫고 풀 한 포기 살며시 나올 때쯤
내 안의 작은 흉터들 모래보다 서걱인다

(좋은시조 봄)

시 작 노 트

사막은 조용히 그러나 끊임없이 일렁이며 그렇게 엎드려 있었다. 세상의 중심이 그곳인 것만 같았다. 단 한 그루의 나무도 없이 사면이 사해沙海로 둘러싸인 사막에서 배꼽으로 상징되는 생명력에 관심이 가기 시작했다. 사막은 생명이 그리워 더 큰 생명을 숨겨놓는다. 그 속에서 나는 나의 부끄러운 흉터들이 스멀스멀 기어 나오는 것을 그저 바라볼 수밖에 없었다. 까닭 없이 눈물 한 방울 모래 속에 스민다.

우 은 숙 1998년 《동아일보》 신춘문예로 등단. 시집으로 『마른꽃』『물무늬를 읽다』『소리가 멈춰서다』『붉은 시간』 등이 있음. 중앙일보시조대상 신인상 수상. 한국시조시인협회, 오늘의시조시인회의, 역류 동인. 현재 경희대 강사. kangmulcc@hanmail.net

유재영

귀여리

솔방울만한
꼬리를 흔들고 가는
새끼너구리 코끝이
반질거렸다

일찍 동면에 든
옹달샘 곁으로
한 오리쯤 숨었다
망개나무 아래
가랑잎 살짝 들고
걸어나온
먼 외딴 길

두 눈이
호동그레한 아이들
저녁 불빛 아래
첫눈 기다리는
마을이 있다

(서정과현실 가을)

*「가랑잎 길」改稿

시 작 노 트

어린 날 첫눈을 기다리다 잠 못 이루던
그런 밤이 누구들 없었으랴.

유 재 영 충남 천안 출생. 1973년 시 박목월, 시조 이태극 추천으로 문단에 나옴. 시집으로 『한 방울의 피』 『지상의 중심이 되어』 『고욤꽃 떨어지는 소리』 『와온의 저녁』, 시조집 『햇빛시간』 『절반의 고요』 『느티나무 비명』, 4인집 『네 사람의 얼굴』 『네 사람의 노래』 등이 있음. dhsbook@hanmail.net

유홍준

천령

개오동 꽃이 피어 있었다
죽기 살기로 꽃을 피워도 아무도 봐 주지 않는 꽃이 피어 있었다
천령 고개 아래 노인은 그 나무 아래 누런 소를 매어 놓고 있었다
일평생 매여 있는 사람이 살고 있었다
안 태어나도 될 걸 태어난 사람이 살고 있었다
육손이가 살고 있었다
언청이가 살고 있었다
그 고개 밑에 불구를 자식으로 둔 애비 에미가 살고 있었다
그 자식한테 두들겨 맞으며 사는 사람이 살고 있었다
아무도 봐 주지 않는 개오동 꽃이
그 고개 아래
안 피어도 될 걸 피어 있었다

(학산문학 가을)

시 작 노 트

안 태어나도 될 걸 태어난 사람은 저수지 위 정자亭子에 가서 벌러덩 자빠져 한 숨 자고 일어났다.

유홍준 1962년 경남 산청 출생. 1998년 《시와반시》로 등단. 시집으로 『나는, 웃는다』 『저녁의 슬하』가 있음. yuhongjun62@hanmail.net

이달균

득음

소리는 날고 싶다 들바람 둠벙 건너듯

휘몰이로 돌아서 강물의 정수리까지

아름찬 직소폭포의 북벽에 닿고 싶다

적벽강 채석강을 품어 안은 변산반도

북극성 견우성이 어우러져 통정하고

윤슬의 만경창파는 진양조로 잦아든다

결 고운 그대는 국창國唱이 되어라

깨진 툭바리처럼 설운 난 바람이 되어

한바탕 쑥대머리나 부르며 놀다 가리니

그날은 찾아올까 우화등선羽化登仙은 이뤄질까

가을빛 스러지면 어느새 입동 무렵

노래는 구만리 가고 기러기는 장천 간다

시 작 노 트

시조로 득음할 날은 언제일까? 어쩌면 그런 바람은 영영 오지 않을 수도 있겠다. 그렇다면 차라리 봉두난발 휘날리며 바람과 놀다 가는 것도 한 방편이다. '내 팔 내 흔들며' 살다가는 팔자, 그 또한 좋은 일이 아니겠는가.

이 달 균 1987년 시집 『南海行』과 무크 『지평』으로 등단. 1995년 《시조시학》에 「생명을 위한 연가」 연작을 발표하면서 시조창작. 시집으로 『늙은 사자』 『문자의 파편』 『말뚝이 가라사대』 『장롱의 말』 『북행열차를 타고』 『남해행』 등이 있음. 중앙시조대상, 경남문학상, 경상남도문화상, 오늘의시조문학상 등 수상. moon1509@hanmail.net

이동우

우물에 관한 오해

우물을 품고 우물을 찾는 사람들, 그런 이들은 한 번쯤
우물을 잃어버렸거나 우물에 빠진 적이 있었을 것이다.

담배 피우는 무리에 슬쩍 끼려 했으나 놀림만 받았다 불시에 들이닥친 학생 주임, 십 대들의 허세는 순식간에 깨졌다 나는 패를 보이지 않으려 억지로 웃었다 쉬는 시간이면 속옷 차림으로 쫓겨난 것 같았다 자꾸만 출구가 달아나 나는 안으로 안으로만 달렸다

옷을 찢고 머리에 물까지 들였다 물낯의 이목구비가 나를 따라 포효한다 교실에 침을 뱉었다 깊은 벽들이 이끼를 드러낸다 나는 멈칫했지만, 보란 듯 교탁을 걷어차고 돌아섰다 나는 학교를 비웃었고, 학교는 나를 비웃었다 다만 비웃음의 크기가 달랐다

파문은 반복되지 않는다 더는 젖지 않을 것이다 "당신은 유령 같아요" 물에 비친 내가 내게 말했다 하늘을 둥글게 오리는 내 심장이 의지와는 무관하게 뛰었다 방금 출소한 것처럼 하굣길이 설렜다 어디로 뛰든 길들은 바짝 말라 있었다

(시작 겨울)

시 작 노 트

오해는 여전하다. 누군가의 발자국을 따라 오래 걸었다. 한참 후에나 그 안을 들여다볼 작정이다.

이 동 우 1970년 서울 출생. 2015년 《전태일문학상》 수상. 2017년 《시산맥》으로 등단.
sujokgwan@daum.net

이병초

탈옥수

논밭 사이로 구불구불
이어진 길을 이틀째 걷습니다
사람 손을 탄 작물들은
한층 더 푸르게 곱고
풀섶에 숨어 있다가 풀쩍
수갑처럼 빛내며 튀어 오르는 참개구리처럼
산들바람이 마중 나오기도 했습니다
생각지도 않은 데서
갈림길과 마주쳐 뒤돌아보면
그제야 자잘한 풀꽃들이
길의 상처처럼 쓰라리고,
어떤 자리에도 섞이지 못해
티눈 박힌 새끼발가락을
송곳으로 후벼파듯 내 운명을
반납하고 싶었던 순간들도
땀방울 들어간 눈알처럼 쓰라렸습니다
어쩌면 집착이었고 어쩌면
입에 칼을 문 절망이었고 어쩌면
강아지풀이었을 되똥되똥 지나온 길은
아무리 잘 봐줘도
눈썹에 서리는 이슬기만 못할 때가

더 많았습니다
새똥처럼 버려진 그늘 깔고
오이를 베어 먹으며
너는 몸통 잡아먹을 싹수라고
밑천 거덜낼 칫수라고
땅바닥에 패대기쳐졌던 소금기 밴 어저께들이
허리춤 추듯 산들바람을 탑니다
탈옥수는 모자를 눌러쓰고
산모퉁이로 기어기어간 옛길을 바라봅니다

(리도피아 가을)

시 작 노 트

지난 겨울 나는 거의 집에 있었다. 혼자서 한 달 사는데 돈이 얼마가 필요할지 따져도 보았다. 쌀값 담배값 난방비 소주값 등을 짚어가다가, 영하 20도의 혹한을 뷴 칼바람과 서너 자례 1박 2일로 펑펑펑 함박눈 퍼붓던 풍경은 얼마치일까에 생각이 미쳐 셈을 그만 두었다. 까막까치들이 떼로 내려앉는 들판에 눈길 빼앗겼기 때문일 것이다.

이병초 1963년 전주 출생. 1998년 《시안》으로 등단. 시집으로 『살구꽃 피고』 『까치독사』 등이 있음. 현재 웅지세무대 교수. lbc98@hanmail.net

이상국

오늘 하루

마당을 파고 막힌 배수구를 찾는데
집 지을 때 묻힌 스티로폼이 아직 제집처럼 누워있다
사람만이 슬프다

앞집 능소화는 유월에 시작해 추석 밑 까지 피고 진다
립스틱 같은 관능이 뚝뚝 떨어진다
꽃도 지면 쓰레기일 뿐

유럽의 길바닥에는
시리아 난민들이 양 떼처럼 몰려다니고
폐지 줍는 노인이 자전거로 골목을 돈다
누가 울든 죽든 지구는 아무 생각이 없다
내가 대통령이 되면 폐지 값을 대폭 인상할 것이다
지구도 원래는 우주의 쓰레기다

대낮에 무슨 음모라도 하는지
동네 개들이 대가리를 주억거리며
골목길을 돌아다닌다

반세기가 넘게 평화가 지속되는데도
누가 또 별을 달았다고 거리에 현수막을 내걸었다

나는 벌써 오래전에 시인이 되었다

동네 빈집 마당에 풀이 무성하다
한나절 뽑아주고 싶다

(열린시학 여름)

시 작 노 트

내가 대통령이 되면 다른 건 몰라도 폐지 값은 대폭 올랐으면 한다. 그것 때문에 고물상 경영이 부담스럽다면 보조금을 줄 것이다. 단 노인들이 수거해오는 물량에 한해서이다. 그들은 내 아버지고 할아버지다.

이상국 강원도 양양 출생. 1976년 《심상》으로 등단. 시집으로 『집은 아직 따뜻하다』 『뿔을 적시며』 『달은 아직 그 달이다』 등이 있음. bawoo8586@hanmail.net

이선영

집

남은 집은 몇 채이려나, 나 여러 채의 집들을 거쳐왔네
크거니 작거니 높거니 낮거니 했지만
들어앉으면 달리 나설 데도 없는 나의 집이었다네
옥상에서 별을 올려다보던 집
계몽사 50권 세계동화전집이 반겨주던 집
할아버지가 벼루에 먹을 갈아 다리 가는 학을 그리던 방이 있던 집
할머니가 큰 솥에 개떡을 찌던 부엌이 있던 집
키우던 고양이가 갓 낳은 새끼들을 숨기려다 목줄에 걸려 죽고
나는 멍하니 창틀에 올라앉아 마당의 후박나무만 바라보던 집
저녁 어스름 귀갓길에 문득 노을빛 조등이 걸렸던 집
아버지에게 대들다 한동안 치마 아래로 종아리가 시퍼렇던
여대생이 살던 집
후두둑 빨간 딱지가 붙고 빚쟁이로 몇날며칠 눅눅하던 집
퇴직하고 이빨 빠진 아버지가 낡은 소파와 함께 음침한
정물화가 되어 가던 집
그 집이 싫어서 한 남자와 도망쳐 나온 집
커다란 모기장을 사면 벽에 걸고 아이들과 한 방에서 자던 집
아이들이 자라면서 식탁이 소란스러워지고
기어코 같이 놓일 수 없게 된 수저들이 생긴 집
네 식구가 제 귀퉁이에서 각자 자기 식의 평화를 지키는 집
때로 네 식구 마음 따라 문짝은 어그러지고 변기가 막히고

천장이 얼룩지는 집
  제 손바닥에 옹송그리는 식구들을 하나라도 놓쳐서는 안 되는
지상의 단 한 칸
  어쩌다 예전 살던 곳들을 지나칠 때면
  어떤 집은 뭐하러 또 왔냐 묻고 어떤 집은 들렀다 가라 하는데
  제 들보를 갉아먹는 슬픈 벌레를 키우지 않는 집은 어디 있으려나

(창비 가을)

시 작 노 트

시세가 높은 아파트, 태어나고 자란 곳, 주소지이자 근거지, 보금자리, 가족 –『집』의 다른 이름들이다. 어떤 층위이건 이것 하나를 온전히 갖기 위해서, 그리고 온전히 지켜내기 위해서 우리가 평생을 악착같이 버텨내고 있는 곳의 이름이기도 하다. 밖에서는 잘 들여다보이지 않지만 그 갑각 속에 숨어 있을 무른 살과 복잡한 실핏줄들이 자못 궁금하고 괴이쩍게 느껴질 때가 있다. 그 조금은 수상쩍은 집은 바로 우리 수상쩍은 삶과 다르지 않기에. 지금도 안간힘 쓰며 버팅기고 있을지 모를 집들의 뼈아픔을 대신 얘기해 보고 싶었다.

이 선 영 1964년 서울 출생. 1990년 월간 《현대시학》으로 등단. 시집으로 『오, 가엾은 비늣갑들』『글자 속에 나를 구겨넣는다』『평범에 바치다』『일찍 늙으매 꽃꿈』『포도알이 남기는 미래』『하우부리 쇠똥구리』 등이 있음. 07sylee@hanmail.net

이숙경

진아영*

턱 괴고 생각한다느니 한 턱 낸다는 말
그녀에겐 당찮은 슬픔의 관용어였지
씹어서 삼키지 못할 아픔이 우물거렸네

따뜻한 포유류의 둥근 턱이 사라진 뒤
어류의 아가미처럼 변해버린 입 언저리
죄 없는 사람이었다고 조아릴 틈 없었네

살아야 할 신념에 비할 바 없던 이념
오랜 총성 그 환청 무시로 관통하는
무명천 얼굴에 감싼 미안한 역사였네

(정음과작약 창간)

시 작 노 트

*4.3사건 당시 토벌대 총탄에 턱이 소실되어 평생 무명천으로 턱을 감싸고 살다 가신 할머니 이름.

이 숙 경 2002년 《매일신문》 신춘문예로 등단. 시조집으로 『파두』 『흰 비탈』과 시론집 『시스루의 시』가 있음. 대구시조문학상 수상. 영언 동인. soojiya65@hanmail.net

이승은

우물 얼굴

— 어버이날에

누워서만 보낸 나날 다 마른 눈빛만이

그래도 살아있음을 하소연하는 오월

귓가에
변명이나 풀며
입술을 가만 얹네

드릴 것이 더는 없는 못난 딸을 물끄러미

'영등포의 밤'이거나 '봄날은 간다'면서

흥건한
노랫가락을
더 흥건히 불러보네

말을 잃고 듣는 귀는 설움으로 사무쳐서

주름 진 골을 따라 흘러와 고이는가

이제는

우물이 되셨네,
내 눈물 받아주는

(다층 봄)

시 작 노 트

그러께 어버이날을 마지막으로, 어머니는 하늘 길을 가셨다.

말을 잃고 눈까지 흐려진 어머니가 마지막까지 맑게 열어두신 것은 두 귀뿐.

요양병원 306호, 이 지상의 마지막 방에서 못난 딸내미가 불러주던 노래를 선물인양 품고 가셨다.

이 승 은 1958년 서울 출생. 1979년 문공부, kbs주최. 《전국민족시대회》로 등단. 시집으로 『얼음동백』『넬라판티지아』『꽃밥』 등과 100인시선집으로 『술패랭이꽃』이 있음. 고산문학대상, 중앙일보시조대상, 이영도시조문학상 등 수상. jini-221@hanmail.net

이우걸

등

등은 쉽게 등끼리 친해지지 않지만
가까이 서로 기대면 산맥 같은 성이 된다

그 성에 갇히기 싫어
혼자 사는 등도 있다

(시와표현 4월)

시 작 노 트

예술이란 이름 속에는 자유라는 가치가 숨어 있다. 그러나 요즘 우리 예술세계에 그처럼 개인의 자유가 구가 되고 있는가.

등과 등의 결속이 성을 만드는 동안 진정한 상상력은 숨 쉬며 살아가기가 어렵다. 외롭지만 혼자 사는 등이야 말로 진정한 예술인의 삶이 아닐까?

이 우 걸 1973년 《현대시학》으로 등단. 시집으로 『아직도 거기 있다』 『나를 운반해온 시간의 발자국이여』 『저녁 이미지』 등과 『현대시조의 쟁점』 『우수의 지평』 『젊은 시조문학 개성읽기』 등의 비평집이 있음. 가람시조문학상, 이호우시조문학상, 김상옥시조문학상, 이영도(정운)시조문학상, 백수문학상 등 수상. eewg1215@hanmail.net

이은규

천둥벌거숭이

적들은 언제나 승리한다

이제 천둥이 쳐도 숨지 않겠어요
그 시간을 기다려 벌거숭이로 뛰어 나오겠어요
천둥 아래 맨몸으로 날뛰는 한 점이 되겠어요

언제나 승리하려는 적들을 향해

(21세기문학 봄)

시 작 노 트

오래 전 한 청년은 적의 대위법을 발명하여 생에 저항했다. 우리가 발명할 수 있는 방법론은 오고 있을까, 이미 와 있을까.

이 은 규 2008년 《동아일보》 신춘문예로 등단. 시집으로 『다정한 호칭』 등이 있음.
yudite23@hanmail.net

이은봉

계룡산 골짜기

울긋불긋 11월의 계룡산 골짜기는
아직 얼지 않은 물거울을 갖고 있다
차고 시린 제 얼굴
자주 물거울에 비추어 본다

여기저기 젊음의 흔적 남아 있는
11월의 지친 계룡산 골짜기
물거울에 비친 그의 얼굴
나뭇가지처럼 비쩍 말라 있다

우둘두둘 거친 손으로 감싸 안고
제 얼굴 비벼 보는 그의 마음
짠하다 멧새 몇 마리 날아와
물거울의 가슴께에 내려와 앉는다

조잘조잘 물거울을 쪼아대는 멧새들
작고 동그란 파문을 만든다
무엇이 그리 좋은가 제 얼굴
환하게 펴는 11월의 계룡산 골짜기!

(미네르바 가을)

시 작 노 트

시간에는 로켓엔진이 부착되어 있나 보다. 너무도 빨리 달려 그의 모습이 잘 보이지 않는다. 그리다 보니 나도, 계룡산도 어느새 늦가을의 입구에 들어서 있다. 내게 주어진 시간을 3등분 할 수 있다면 나는 벌써 마지막 1/3의 시간에 이르러 있는 듯하다. 인생의 성공여부는 흔히 이 마지막 1/3의 시간을 어떻게 사느냐 하는 데에 달려 있다고 한다. 마지막 1/3의 시간을 바르게 살기 위해 수시로 가슴 속의 물거울을 꺼내본다. 끊임없이 파문을 만드는 멧새들을 조심하며…….

이은봉 1953년 충남 공주(현, 세종시) 출생. 1984년 《창작과비평》 신작시집 『마침내 시인이여』를 통해 등단. 시집으로 『내 몸에는 달이 살고 있다』 『길은 당나귀를 타고』 『책바위』 『첫눈 아침』 『걸레옷을 입은 구름』 『봄바람, 은여우』 등이 있음. 현재 광주대학교 문예창작과 교수. lebhosim@hanmail.net

이장욱

옮긴이의 말

나는 옮긴이로서 말할 수 있다.
이 모든 것이 원본과 다름없음을
밤의 불 꺼진 방을 옮긴 것이 당신의 마음임을
지금 응급실의 공기를 옮긴 것이 어제와 그제와 또
지난 시간임을

옮긴이로서 나는 확신할 수 있다.
원본과 토씨 하나 다르지 않은 것이 당신의 갈 봄 여름 없는 계절이며
그 계절이 우리의 먼 후일이며
먼 후일의 텅 빈 행간이 곧
절정임을

하지만 옮긴이로서 나는 자주
넌 누구냐 대체 누군데 그렇게 말하느냐
고 묻는 사람을 마주쳤으며
주소지와 계좌번호와 석양과
강변의 개들을 옮겨 적느라 인생을 소모했으며
결정적으로 이게 어느 나라의 문자냐
어느 시대의 작가냐
네 애비가 누구냐
추궁을

옮긴이로서 나는 말할 수 있다.
나는 잘생기지도 않았고 잘난 체도 하지 않았고 언제나 모르는 길을 다녔는데 나는
단지 너의 영혼을 추측하느라 인생을 다 보냈을 뿐
쓸쓸히 죽어가면서 그렇게
다른 언어로 태어났을 뿐

나는 당신에게 전화를 걸어서 잘 지냈느냐고 오랜만이라고 취했노라고 그런데 이 씨발놈아 나는 너를 사랑했다 너는 나의 먼 곳에서 어떤 원본이 되어가고 있느냐……
내가 도달할 수 없는
실은 이미 도달한
부재 중 신호의 저편에서

옮긴이로서 나는 몇 페이지에서 몇 페이지까지 슬픈가.
에이 비 씨에서 기역 니은 디귿까지
강변의 개가 북극의 죽어가는 곰이 될 때까지
응급실의 마지막 신호에 이를 때까지
나는

(현대문학 1월)

시 작 노 트

원본은 애초에 존재하지 않았을 것이다. 그렇다고 생각한다. 하지만 그것의 부재를 알면서도, 그것의 결여를 알면서도, 그것의 무위를 알면서도, 평생을 옮긴이로서 살아가는 사람의 마음에는 존중해야 할 무엇이 있다. 그렇다고 생각한다.

이 장 욱 시집으로 『내 잠 속의 모래산』『정오의 희망곡』『생년월일』『영원이 아니라서 가능한』 등이 있음. oblako@hanmail.net

이재훈

누대

안개의 아침이다. 더 이상 기록할 것 없는 아침이다. 안개가 모든 생각을 흩뿌리는 아침이다. 안개가 햇살을 게워내는 아침이다. 저 멀리 버스가 달려오는 아침이다. 날 태우고 어디론가 사라질 안개의 아침이다.

안개는 고귀한 기품을 가졌다. 허무한 철학처럼 떠돌고, 지루한 강의처럼 외롭다. 안개엔 형용할 수 없는 아름다움이 있다. 당신은 안개를 가졌는가. 뿌옇지만 매혹적인 몸을 누군가에게 보인 적이 있는가.

환상은 늘 추방당하지만 안개의 나라에서는 추앙받는다. 지구를 떠받치는 논리는 빵이 아니라 장미이다. 저쪽 저만큼 안개가 있다. 손을 내밀어 세계에서 가장 흔하고 아름다운 물질과 만나는 시간. 당신은 어디에 있는가.

슬픔을 고이 접어 두는 버릇이 생겼다. 서럽게 울어도 보았지만 남는 것은 헛헛하고 메마른 싸구려 감정뿐. 당신께 물어도 보았지만 남는 것은 뻴쭘한 부끄러움뿐이다. 안개는 다시 태어난다는 약속도 없이 천천히 그 깊이를 알 수 없는 곳으로 사라진다. 안개를 온몸으로 먹고 슬픔은 기지개를 편다. 서럽게 아름다운 아침이다.

(시작 여름)

시 작 노 트

안개를 만난 아침엔 늘 마음에 무엇인가가 소용돌이친다. 이런 사실은 새로운 게 아니다. 반복되는 마음이 시를 쓰게 한다. 감정이 더 솟구치는 아침에 안개를 받아 적었다.

이 재 훈 1972년 강원 영월 출생. 1998년 《현대시》로 등단. 시집으로 『내 최초의 말이 사는 부족에 관한 보고서』 『명왕성 되다』 『벌레 신화』가 있음. 현대시작품상, 한국시인협회 젊은시인상, 한국서정시문학상 수상. ipoet@hanmail.net

이정환

부재

문이란 문 다 잠겼네
녹슨 문고리와 문살

인적이 끊긴 마을
늑대 닮은 개가 짖고

이 봄날 팔순 누님은
오래 집을 비웠나 보네

군위군 고로면
낙전리 싸리밭골

고추밭 담배밭
콩밭 감자밭 비알

고양이 한 마리 문득
가로질러서 달려가네

그 많던 사람들은
다 어디로 간 것일까

뒷집 고모네 댁
처자들의 치맛자락

담배 굴 오르는 길에
금세 보일 듯도 한데

(서정과현실 하반기)

시 작 노 트

나를 '너'라고 부르는 순간, 나는 비로소 '나'가 되었다. '나'가 된 '그'를 바라보는 일은 고통스럽다. '그'는 오래 전부터 '너'였고 '너'의 배면이었으므로. 그것은 흔히 '공허'라 부르는 어느 추상의 여백과도 같다. '나'란 생각하는 존재가 아니라 누군가에게 만져지거나 보여지는 존재. 만져지고 보여진 상태로 저절로 암흑이 되는 시간의 한 부리. 새들은 왜 울까? 라고 최초로 질문하는 순간의 아찔한 동통疼痛.

이정환 1954년 군위 출생. 1981년 《중앙일보》 신춘문예로 등단. 시조집 『휘영청』 외 다수가 있음. jhwanl@hanmail.net

이종문

합장으로 묻어줄게

참 지독한 가뭄 끝에 말라 터진 저수지에
팔뚝만한 붕어 둘이 나란히 죽어 있다
얼굴을 쳐다보면서 하얀 배를 마주 대고

아마도 이 두 놈은 금슬 좋은 부부겠지
못 물이 말라붙어 가쁜 숨을 파닥일 때
부둥켜안고 싶어도 손이 없어 그리 못한,

한 바가지 물을 퍼줄 바가지도 물도 없어
두 눈을 부릅뜬 채 애가 타게 지켜봤던
붕어여 눈을 감으라, 합장으로 묻어줄게

(시조정신 창간)

시 작 노 트

한 쌍의 죽은 붕어에 대한 연민의 정을 시적 구도 속에 포착한 작품이다. 하지만 이 세상엔 아직 이 붕어같이 안타깝게 세상을 마감하는 사람들이 적지 않게 있을 터다. 이 붕어들은 그런 분들의 삶에 상응하는 정서적 등가물이기도 하다.

이 종 문 1955년 경북 영천 출생. 1993년 《경향신문》 신춘문예로 등단. 시집으로 『저녁밥 찾는 소리』 『봄날도 환한 봄날』 『정말 꿈틀, 하지 뭐니』 『묵 값은 내가 낼게』 『아버지가 서 계시네』 등이 있음. 역류 동인. jml413@kmu.ac.kr

이태수

새소리

천사 떠나고

천사는 어디론가 떠나고

어렴풋이 귓전을 두드리는 새소리,

그래도 눈을 뜨고 싶지 않다

한때의 따스했던 그 풍경 속에

마음을 붙들어 매놓고 싶다

점점 가까이 또렷한 새소리,

하지만 오래오래 눈 뜨지 않은 채

그 꿈길을 거슬러 오른다

나는 안 보이고

계수나무 아래 길게 드러누운 내 그림자,
마음은 나무 꼭대기로 기어오른다

나는 미동도 않고 서 있지만
그림자의 키는 점점 길어진다

길어지다 이윽고 사라진 그림자를 따라
내가 어디론가 가 버린 걸까
안 보이는 그림자 속으로 스며든 걸까

계수나무는 그대로 서 있는데
미동도 않던 나는 안 보인다

하늘에는 별들이 총총 흩어져 앉고
둥지에 드는 새소리가 어렴풋이 들린다

(현대문학 3월)

시 작 노 트

진정한 자아 회복에 대한 목마름을 여전히 비켜서지 못하고 있다. 오랜 세월 '나'를 찾아 헤매왔지만 아직도 '나'는 '내 허상의 허상'이라는 생각에서 자유롭지 않다. 눈을 떠도 감아도 내가 목마르게 찾고 있는 '내'가 희미하게 보일 듯 말듯 하며, 마냥 떠밀리고 떠내려가는 것 같기 때문이다. 새소리가 유난히 맑고 그윽하게 들리는 까닭이 '왜'인지 모르겠다.

이 태 수 1974년 《현대문학》으로 등단. 시집으로 『따뜻한 적막』『침묵의 결』『침묵의 푸른 이랑』『회화나무 그늘』『이슬방울 또는 얼음꽃』『내 마음의 풍란』 등이 있음. 대구시문화상(문학), 동서문학상, 한국가톨릭문학상, 천상병시문학상 등 수상. tspoet@naver.com

이하석

솔방울

솔방울들은 과보호의 성장기를 지낸 게 아닐까? 그리하여 사춘기를 지나 오히려 그 반항이 거세져서 완전 거친 갑옷으로 스스로를 무장해버린 게 아닐까? 허긴 허공에 매달려 살아온 삶의 역정이니 그런 자기 트집도 필요했겠지.

그러나, 차츰차츰, 그 촘촘한 갑옷 속에는 언제든 제 질문들이 쉬 빠져나갈 방책만이 단단히 들어있음을 우리는 안다. 강해보이지만, 기실은 누구에게나 부드러운 바람기의 방책인 것이다. 그것들도 비로소 철이 든 것이리라.

그 안에 빼곡하니 이별의 날개를 단 눈들이 많아서, 부스스, 서로 다투어 먼 데를 내다보는 걸 내가 조마조마하게 느끼는 건 그 때문이다.

(내일을여는작가 상반기)

시 작 노 트

산책길에 얻은 스케치 한 컷. 집 부근 신천 변과 산길을 더듬을 때 특별히 눈에 띄는 걸 수첩에 적어두곤 하는데, 그런 스케치들이 꽤 쌓였다. 솔방울들이 너무 예쁘게 굴러다녀서 조마조마하게 느꼈을까?

이하석 1971년《현대시학》추천으로 등단. 시집으로『투명한 속』『것들』『천둥의 뿌리』등이 있음. 김수영문학상, 이육사문학상 등 수상. hslee0124@hanmail.net

이혜미

멀어지는 포도

리코더를 불 때 왜 눈을 감을까

눈도 구멍이니까

우리는 어쩐지 기다리거나 사라지고 싶어서
수없이 많은 손가락들을 꺼내놓는다

서로의 구멍을 틀어막으며
한 뼘 더 다정해지고 싶어서

모아진 눈으로
오므린 입술로

왜 키스할 때 눈을 감을까
연주되는 중이니까

몸속에 숨을 초대하여
새어나가는 음악이 되어주려고

속으로 맺혀가는
물방울들, 가지마다 매달리는

이혜미

흐린 기포들

어둠과 빛 사이
눈을 감으면 시들어 떨어지는
숨방울

멀어지는 중이니까
음악으로부터, 넝쿨을 뻗는 혀들로부터

부풀어오르다 펼쳐지는
어두운 열매들

(모든시 가을)

이 혜 미 2006년 《중앙일보》 신인문학상으로 등단. 시집으로 『보라의 바깥』『뜻밖의 바닐라』가 있음. panpolove@naver.com

이홍섭

첫눈이 말하다

첫눈이 말한다
당신이 무엇을 잃어버렸는지

첫눈이 와서
첫눈으로 돌아가면서 말한다
당신이 무엇을 잃어버렸는지 생각해봐

첫눈이 첫눈을 뜨며 말한다
지금 내리는 눈도 첫눈이라며

당신이 무엇을 잃어버렸는지
똑똑히 보라고, 다시 돌아갈 수 없는 첫눈에 대하여
다시 돌아갈 수 없는 사랑에 관하여

첫눈이 말한다
당신이 무엇을 잃어버렸는지

(시와표현 겨울)

이 홍 섭 1965년 강릉 출생. 1990년 《현대시세계》로 등단. 시집으로 『강릉 프라하 함흥』 『검은 돌을 삼키다』 등이 있음. leehongsup@hanmail.net

외눈박이 놀이터

놀이터를 내려다보는 키 큰 감시자
가로등은 인색하고 어둡다
엉덩이를 받치는 미끄럼틀의 가파른 기울기
추석이 가깝지만 나는 벌써 어른 아닌가
'없다' 말하지 않고는 설명할 수 없는 일들
아버지같이 무뚝뚝해진 동생과
늙은 엄마
다리를 접었다 펴면 그네가 조금씩 움직인다
꽃들에서 썩은 오줌 냄새가 난다
양쪽 귀를 관통하는 바람과 농담
자동차 한 대 지나간다
확인한 것은 외눈박이 놀이터와
남자 어른 한 명
너무 진지하면 거짓말에 멈추게 될 텐데
손톱을 깎고 양말을 꺼내 신고
나란히 앉아 아버지 젯밥을 나눠먹는다
걱정없다
없는 것이나 마찬가지다
앞 차의 붉은 미등을 따라, 왔던 길을 되돌아 달린다
낯익고 막막한 이 소도시에서
몇 시간의 쓸쓸함은 당연한 거 아닌가

두 개나 되는 눈 쓸모없는 거 아닌가

(서정시학 가을)

시 작 노 트

고향은 어느 곳보다 낯설다. 길이 생기고 지워지고 사람들이 바뀌었다는 사실이 아니라도, 마음에 그려지는 고향과 실제의 그것이 같을 수는 없다. 지금여기로부터의 공간적 시간적 낙차. 있지만 없는 곳, 없는 것이나 마찬가지인 곳. 아버지 돌아가신 뒤로 고향은 더 먼 곳이 되었다. 늙은 어머니는 농생네와 함께 사신다. 사람도 장소도 마음 속 그것과 딱 맞아떨어지지 않는다. 잠깐 머물다 쫓기듯 돌아올 수밖에 없다.

임곤택 2004년 《불교신문》으로 등단. 시집으로 『지상의 하루』『너는 나와 모르는 저녁』이 있음. boheme21@naver.com

전기철

비누 씨가 바나나하다

거리를 떠돌았지△인형처럼~디제이의 멋진 목소리에 들앉아~봉숭아는 빼빼 말라가고~먹다 남은 케이크는 눈에서 치워버리지&서부 사내들이 측간을 들락거리지▽두 조끼면 어때 맥주 한 잔 사~생각이 앞서가 토사물 위에 미끄러지지&날마다 크리스마스 하는 화가가 있지&생각의 끄트머리에서 짖는 개가 있지△낯선 시간들이 철커덕거려~인생은 한번 뿐이라는 건 거짓말이야~종양이 투덜투덜&언뜻, 모세의 지팡이가 지나간다▽아돌프 같기도&처키 같기도~아침에는 정의가 없다

(시현실 여름)

시 작 노 트

어느 날 명동을 떠돌다가 생각이 한없이 미끄러지는 것을 느꼈다. 머릿속에 비눗물이 가득하거나 바나나에 미끄러지는 듯했다. 그때 비누 씨가 저 멀리 손짓하는 걸 보았다. 머릿속에 울퉁불퉁하다.

전 기 철 1988년《심상》으로 등단. 시집으로『로깡땡의 일기』등이 있음. 숭의여대 문예창작과 교수. jkwansan21@daum.net

움

네가 있어서
네가 없어서

두 발을 덮어주면 무의 움처럼 돋는 물집들
발아, 순한 발아, 너만 좇는 두 발아, 괜찮니?

움이 잠이라면…… 우물처럼 울 텐데

네가 그래서
네가 그러지 않아서

잠이 오니? 잠들 수 있니? 그래도 별이나 양의 수만큼 기운을 내 잠들어야 해

다른 발을 받는다면…… 그래도 너만

봄의 움이라서
발은 또 아깝겠다 아깝겠지?

(시인동네 12월)

정끝별

시 작 노 트

시는 원초적으로 불가능한 글쓰기를 향한 애달픈 혹은 어설픈 시도다. 문학적 글쓰기가 대체로 다 그러하겠으나 시는 특히 그러하다. 대상이나 세계를 표현하는 것이 아니라, 그 표현할 수 없음을 표현하는 것이 시의 궁극이기 때문이다. 시는 거기서부터 출발하고 거기로부터 자유로워지는 것이라 믿는다.

정 끝 별 1988년 《문학사상》 신인상(시)과 1994년 《동아일보》 신춘문예(평론)로 등단. 시집으로 『자작나무 내 인생』 『흰 책』 『삼천갑자 복사빛』 『와락』 『은는이가』 등이 있음.
postellar@hanmail.net

정수자

가을의 뒤축

숨 가쁘던 잎사귀에 이슬 편이 당도하자

조금씩 숙어드는 그을린 목덜미들

제 안을 곰곰 보는지 눈자위가 우묵하다

지금은 물을 내릴 때, 가로수들 가납에도

입이 날로 마르는 정년의 허연 글벗

한참씩 허공을 붉히다 죽지나 추스르다

끼룩끼룩 노 젓는 철새들 이주 아래

후끈 젖었는지 혼자 괜히 궁싯대다

깃털을 다시 고르나 헌 뒤축이 분분하다

(시조21 겨울)

정수자

시 작 노 트

정년 앞둔 벗이나 잔고 없는 앞날은 매한가지
덩달아 잔이나 기울이다 그마저도 하 쓸쓸해
바닥을 견뎌야 할 긴 노후에 시절 탓을 좀 하다
뭐든 줄이기부터! 궁리만 만발하던 가을날의 뒷담…

정 수 자 1984년 《세종숭모제전》 전국시조백일장 장원으로 등단. 시집으로 『비의 후문』 등이 있음. 중앙시조대상, 현대불교문학상, 한국시조대상 등 수상. jookbee7@hanmail.net

국수털래기

늦동지 강추위에 고드름만 자라나고
시래기죽 한 그릇에 허기진 어스름 밤
바우네 아랫목에는 청국장이 쿰쿰해

바우 할매 성화 병에 민화투가 잘박대고
국수 내기 삼세판은 열 판을 넘어섰다
무쇠 솥 물 끓는 소리는 아우성을 치는데

맹물에 간장 찔끔 추위도 털어 넣고
신 김치 익는 냄새 국수를 끓여내면
털러덕 배고픈 소리에 겨울밤도 달았다

(서정과현실 상반기)

시 작 노 트

먹을 것이 넘치는 시절입니다. 곤궁 대신 과욕으로 비만이 건강을 해치는 역설의 시절이지요. 태어나면서 먹게 되는 어머니의 손맛은 인간이 죽을 때까지 잊을 수 없는 최고의 맛이라고 합니다. "맹물에 간장 찔끔 추위도 털어 넣고" 끓는 소리만 들어도 침이 고였던 엄마의 '국수털래기'가 마냥 그리운 것은 나이 탓만은 아니겠지요.

정용국 경기 양주 출생. 2001년 계간 《시조세계》로 등단. 시집으로 『난 네가 참 좋다』 등과 시선집 『눈이 물고 온 시』가 있음. 한국작가회의 시조분과 위원장.
yong5801@daum.net

정재학

달팽이 잠자리 물고기

유치원에서 분양 받은 백와달팽이. 처음에는 흙에 파묻혀 보이지도 않아 밖으로 나갔나? 죽었나? 싶었던 작은 애기가 내 손바닥 절반만큼 컸다. 달팽이의 이름은 아들이 잠자리라고 지었다. 아이와 매일매일 잠자리가 얼마나 컸는지 관찰한다. 아이가 달팽이는 더듬이에 눈이 있다고 가르쳐준다. "많이 컸으니 라면에 넣어서 먹을까?" 했더니 아이가 눈을 못 뜰 정도로 울었다. 가끔은 취해서 늦게 들어온 밤에 잠자리에게 한참 말을 걸기도 한다. 잠자리야, 다들 내 시는 무슨 말인지 모르겠다고 하니, 불가능한 꿈만 꾸고 있는지도 모르겠구나. 뭘 이루겠다는 것도 아니었는데 네 집처럼 나도 쉴 곳이 필요했을 뿐인데……. 등껍질이 아름답다고 자주 칭찬도 해준다. 내일은 달걀껍질을 먹여줘야지. 달팽이에 대한 시를 쓰고 있다고 하니 옆에서 아들이 "달팽이 사랑해요"도 쓰란다. 얼마 전 이름도 물고기로 바꿨다고 한다.

(릿터 12월)

시 작 노 트

이 시를 썼을 때 손바닥 절반 크기였던 달팽이가 지금은 몸을 쭈욱 펴면 손바닥만 하다! 백와달팽이가 식용 달팽이라 그런지 무럭무럭 자란다. 얼마나 더 클지 두렵기도 하다. 키우는 상자도 특대형으로 바꾸었다. 상추도 금방 먹어치운다. 똥도 치워 줘야하고 목욕도 가끔 시켜줘야 하고 흙도 갈아줘야 한다. 등껍질이 단단해야 건강하기 때문에 영양을 생각해서 며칠에 한 번은 달걀 껍질도 갈아서 먹여준다. 생명을 키우는 일은 어려운 일이다. 나를 알아보는 것 같지도 않고 은혜도 모르는 식용 달팽이지만 먹지 않고 자연사할 때까지 잘 보살피겠다.

정 재 학 1974년 서울 출생. 1996년 《작가세계》로 등단. 시집으로 『어머니가 촛불로 밥을 지으신다』 『광대 소녀의 거꾸로 도는 지구』 『모음들이 쏟아진다』 등이 있음. 3jhjung@hanmail.net

조동범

서스펜스

이곳은 텅 빈 고요이다. 당신은 침대에 누워 밝아오는 아침을 바라보고 있다. 햇살은 느리고 고요하게, 그러나 절박하고 집요하게 당신의 어깨를 놓으려 하지 않는다. 당신의 숨이 멈춘 마지막으로부터 당신의 슬픔은 비로소 시작되려 한다. 당신은

눈물을 흘리는가. 당신은 문득, 당신의 죽음이 궁금해지기 시작한다. 당신의 두근거리는 심박을 향해 불현듯 들어선 것은 무엇이었나. 당신의 심장을 관통한 칼의 끝이, 당신의 등을 흐느끼고 있는 바닥을 향해 참혹하다.

마지막 순간은 어떻게 시작되고 저물어 갔는가. 모든 일의 전조는 알 수 없다고 당신은 생각한다. 마지막 힘을 다해 당신의 눈동자는, 깨진 창과 굳게 닫힌 현관문을 바라보며 돌이킬 수 없는 어젯밤을 그저 흐느끼기 시작할 뿐이다.

개미 떼가 몰려오면 지진은 일어나는가. 무너진 건물 더미에서 살아남은 아이는 밤마다 죽을 수 없는 악몽에 시달리고, 지진운처럼, 믿을 수 없는 전설은 항구에 도착하지 않은 난파선의 이야기를 들려주려 한다.

당신은 되돌릴 수 없는 휴일 오전을 무기력하게 침묵한다. 그것

은 텅 빈 고요이거나 깊이를 알 수 없는 절망. 이제 모든 것은 끝이 났지만, 당신의 심박에서 흘러나온 한 줌의 슬픔과 공포, 회한과 분노는 여전히 과거를 거두어들이지 못한다.

비행기가 추락하는 꿈을 꾸고 나면 새벽은 다가오는가. 오늘이 지나면 내일은 비롯되는가. 그것은 알 수 없는 일이고, 휴일 오전의 텔레비전에서 누군가의 일생은 시작되고 마무리된다. 바닥에 스민 당신의 심박이 굳어가기 시작하면

예배당의 찬송가는 영생과 복음을 절망하려 할 것이다. 이제, 모든 것은 고요하고 평화롭다. 어디선가 고양이 울음소리가 들리는 듯도 하였다. 당신은 눈물을 흘리는가. 그리하여 이제, 모든 것은 끝이 났구나. 이제

(시작 겨울)

조 동 범 경기 안양 출생. 2002년 《문학동네》 신인상으로 등단. 시집으로 『심야 배스킨라빈스 살인사건』 『카니발』 『금욕적인 사창가』가 있음. 청마문학연구상, 딩아돌하작품상, 미네르바작품상, 김춘수시문학상 등 수상. stopaids@hanmail.net

조승래

오징어순대

나는요, 창자 속에 당면, 야채와 온갖 잡동사니에 피 버무려 넣은 미련한 도야지 순댄 아니고요, 암만 없다 해도 주린 창자 속에 그런 것 넣고 배부른 척 할 순 없거든요 뱃속 내장 다 덜어 내고 텅 빈 거기에 적어도 나처럼 제 다리 썰어 넣은 피 한 톨 쓰지 않은 몸 통째 주머니로 만든 순대거든요, 가지런히 속을 채운 거야 김밥하고 같다지만 나야 어디 촌스런 김밥처럼 바깥쪽 이음새가 있냐고요 그냥 한 통속으로 된 순수혈통, 바다의 족보를 등에 진 오 징 어 순 대 그게 나라고요

한 통속 바다의 큰 자궁이 내 혈통인 걸 맛보세요

(시와시학 겨울)

조 승 래 2010년《시와시학》신춘문예로 등단. 시집으로『몽고조랑말』『내생의 워낭소리』『타지않는 점』『하오의 숲』『칭다오 잔교 위』가 있음. 아노텐금산(주) 대표, 단국대 상경대학 겸임교수. chosr518@hotmail.com

조용미

푸르고 창백하고 연약한

빈소에서 지는 해를 바라본 것 같다
며칠간 그곳을 떠나지 않은 듯하다

마지막으로
읽지 못할 긴 편지를 쓴 것도 같다

나는 당신의 얼굴을 오래 바라보았다

천천히
멱목을 덮었다

지금 내 눈앞에 아무 것도 없다

당신의 길고 따뜻했던 손가락을 느끼며
잡고 있다

우리의 마음은 얼마나 깨지기 쉬운 것이었으며 우리의 다짐은
얼마나 위태로웠으며 우리에게 허락된 시간은 얼마나 초라했는지

푸르고 창백하고 연약한 이곳에서

조
용
미

당신과 나를 위해 만들어진 짧은 세계를
의심하느라

나는 아직 혼자다

(시인동네 9월)

조 용 미 1990년 《한길문학》으로 등단. 시집으로 『삼베옷을 입은 자화상』『나의 별서에 핀 앵두나무는』『기억의 행성』『 나의 다른 이름들』 등이 있음. treepoem@hanmail.net

진은영

방을 위한 엘레지

1
꿈이 죽은 도시에서 사는 일은 괴롭다
누군가 살해된 방에서 사는 일처럼

태양계의 세 번째 행성이
지구라는 것을 알고 있듯
봄이 겨울을 이기고 온다는 것과 그 반대도 참이라는 것을
나는 알고 있다

뒤에 오는 것이 승리하는 것인가?
그렇다면 화성이여 지구를 이기길
내일이여 오늘을 이기길
썰물이여 밀물을 이기길

그러나 봄, 여름 뒤엔 다시 겨울이고
무지노트와 지구본 연필깎이와 제본한 『예술의 규칙』을 한 줄로 늘어놓은
내 방 책상 위로
가장 나중에 오는 것은 무엇일까?

그게 무엇이든 다른 것이 시작될 때마다

진은영

예언은 빛나며 빗나갈 테니까
여기는 방이 아니라 거리이며
나는 다만, 여기를 걸어서 지나가는 거라고
벽과 벽 사이를 서성이며 생각하는 것이다

2

이 방에는
수만 개의 유채꽃이 겨울의 자물쇠를 따고 있는 들판으로
노란 죄수복을 입은 봄이 달려 나오는 은판 사진이
걸려 있다 고인의 사진처럼

나는 책상에 기대어
여기는 바다처럼 푸른 바다이며
"푸른색으로 뛰어들어 너는 고통의 잠수부가 되었다"고
쓰는 대신
물 위로 떨어지는 눈송이나
눈 쌓인 마당에 떨어지는 담뱃불 같은 것들을 생각한다

사라지고 꺼지는 것들로
잠시 환해지는 관념의 모서리

방은 눈을 녹이는 따듯한 손을 닮았다
방은 죽음을 쫓아 달리는 커다란 개다 겨울이 죽고 봄이 죽고
죽음은 항상 너무 빠르다
개의 헐떡거리는 혓바닥 위에서 담뱃불이 꺼지며 빛난다

나는 흰 도미노처럼 서서
쓰러지는 방들의 흔들리는 어둠을, 우리를 응시하는 영원한 뒤
통수를
물끄러미 바라본다

(문학동네 봄)

시 작 노 트

시를 쓰고 난 뒤 독서를 하다가 이런 구절을 발견했다. "문— 어린아이는 어른과 마찬가지로 체험하고 습득하는 모든 것에서 문을 본다. 그러나 그것은 어린아이에게는 입구이지만, 어른에게는 늘 통로에 지나지 않는다." (니체, 『인간적인 너무나 인간적인』) 그 방들을 생각한다. 그 방들에 달린 문에 대해서도.

진 은 영 2000년 《문학과 사회》로 등단. 시집으로 『일곱 개의 단어로 된 사전』 『우리는 매일매일』 『훔쳐가는 노래』가 있음. dicht1@hanmail.net

차주일

월경越境

— 변색에 대하여

몸통이 가지를 흔드는 것은
열매를 그늘 밖으로 떨어뜨리기 위한 실황공연
후생은 지금에서 생겨난다.
그늘은 나무의 전생으로 난장을 펼쳐놓은 것
맞는 질문과 옳은 질문과 바른 질문과
틀린 대답과 그른 대답과 비뚤어진 대답들
무채색에서의 난상토론은
유채색으로 혼합하는 다양한 자문일 뿐
모든 유채색을 섞으면 검정이 되듯
변색은 팬터마임 배우처럼 오로지 손동작을 궁리한다.
작용으로 반작용을 말하는 것은
몇 명의 등장인물이 내 밖을 기웃거리기 때문.
스스로 경계를 넘어선 무정부주의자는
패배할 자격을 가져 선언할 수 있다.
"내가 졌다"는 말은 "네가 승리자다"란 말의 큰말
수긍은 몇 번의 패배로 동작하는 이견인가.
패배는 수명 밖에서 산다.
폐막에도 기억에 남는 한 명의 주인공처럼
내 국경 밖에서 사는 건 모두 꽃이다.

시 작 노 트

변색은 단순히 색이 변하는 수동이 아니다. 한 세계에서 다른 세계로의 이동이다. 여러 번의 실패가 한 번의 성공을 낳듯, 모든 유채색을 섞어야 검정이 탄생하듯, 변색은 퇴색이 아니라 새로운 색을 창조하는 능동이다. 수많은 생각이 밖을 궁금해 해서 내 밖에 도착하는 말 하나가 있다.

차 주 일 시집으로『냄새의 소유권』『어떤 새는 모음으로만 운다』가 있음. 《POSITION》 편집 주간. chaji2222@naver.com

최문자

잎

누구의 잎으로 산다는 것

단 한 번도 내가 없는 것
새파란 건 새파랗게 운다는 뜻
뒤집혀도 슬픔은 똑같은 색깔이 된다

누구의 잎으로 산다는 건

많이 어둡고 많이 중얼거리고 많이 울먹이다 비쩍 마르고
많이 죽고 죽어서도 가을이 그렇듯 몇 개의 마지막을 재로 만들고
잘 으깨져서 얼어붙고 많이 망각되고
붉은 탄피처럼 나딩굴고
사방에서
연인들은 마른 소리를 내며 밟고 가는 것

누구의 잎으로 산다는 건
한 번도 피지 않는 것

어금니를 다물다 겨울이 오고
마치 생각이 없다는 듯
모든 입술이 허공에서 죽음과 섞이는 것

(시와표현 겨울)

시 작 노 트

잎은 무언가를 이루기 위해 부던히도 푸르렀지만 결국 나무를 위해서였다. 때로는 잎도 겨울에 푸르고 싶었을 거고 여름에 뜬금없이 땅에 곤두박질 치고 싶었을 텐데 그러지 못했다. 평생 다른 사람, 나와 다른 생각을 품고 산다. 잎도 나도 나답게 살지 못했다. 나의 최소를 살고 있었다.

최 문 자 서울 출생. 1982년 《현대문학》으로 등단. 시집으로 『사과 사이사이 새』 『파의 목소리』 등이 있음. choiikik@hanmail.net

최영효

한라산

어디서 눈을 들어도 구름 속 저기 서 있다

오름이 오름을 받쳐 하늘 하나 보듬고 산다

딱 한 번 말을 뱉고는 입을 다문 저 사나이

아버지 돌팔매 맞고 가신지 하마 내 나이

휴화산 이름 하나로 참고 또 기다린다만

모슬포 돌개바람에 실눈 트는 수선화

구름의 높이에서 먼 북쪽 멧부리를 보라

살아 온 시간의 멍에 누군들 기적 아니랴

가슴 속 불을 내리면 아플 일 하나도 없다

(시조21 여름)

시 작 노 트

단전 아래 형이하학의 막장이 내 시의 발화점이다. 그곳에는 청풍명월을 들일 정자는 없어도 언제나 삶의 현재가 살고 있다. 막장의 심층을 흐르는 용암은 지금도 분화를 꿈꾸는 휴화산이다. 두 개의 멧부리에서 불을 뿜던 이 산하, 그러나 입을 다물었다고 할 말을 다하거나 잃은 것은 결코 아니리. 너무 많은 할 말을 참고 기다릴 뿐, 그 날은 언제일까.

최 영 효 1999년 《현대시조》와 2000년 《경남신문》 신춘문예로 등단. 시집으로 『노다지라예』 『죽고못사는』 등이 있음. 김만중 문학상, 천강문학상, 중앙시조대상 등 수상. porvenir@hanmail.net

함명춘

정선 여자

그녀가 나비를 두려워한다는 것을 안 건 최근의 일이었다
청소원이 열어 놓은 창문을 통해 날아든 나비를 보고
자신의 방에서 비명을 지르며 뛰어나온 것이다

그녀의 고향은 강원도 정선이었다 다섯 고개는 넘어야
밥풀때기 같은 집 한 채 겨우 볼 수 있는,
지천에 깔린 바람 소리와 맑은 공기를 오디처럼 따먹으며 자랐다

입사한 뒤 그녀가 처음 한 일은 잔심부름과 차를 타주는 일이었다
그녀의 들국화 차는 가히 일품이었다
한번 먹으면 하루 내내 온 몸에서 들국화 향내가 떠나질 않았다

그녀가 걸을 때마다 그녀의 몸에선 들국화 향내가 났다
나이든 직장 상사의 손에서 들국화 향내가 나는 건 분명
또 그녀의 들국화차를 마셨다는 증거였다

우연히 색깔을 보는 눈과 디자인 감각이 남다르다는 걸 눈치챈
사장이 그녀에게 방한 칸을 마련해 주었다 밤낮없이
그녀가 디자인한 옷들은 매장에 진열되기가 무섭게 팔려 나갔다
조금씩 그녀는 선망의 대상이 되어갔다

하루는 짓궂은 동료들이 쓰레기 비밀 봉투 가득 잡아 온
나비들을 그녀의 서랍 속에 풀어놓았다
평소와 다름없이 출근을 한 그녀가 서랍을 연 순간
나비 떼가 쏟아져 나와 그녀를 덮쳤다

짧은 비명이 이어졌고 문을 열고 들어가자 방은
그녀가 신었던 빨간 하이힐과 물방울무늬의 투피스만이
벗겨져 있을 뿐 책상 위엔 뿌리째 뽑힌 들국화 한 그루가 놓여있었다

백방으로 찾아보았지만 그녀의 행방은 찾을 수 없었다
확실한 건 누구도 그녀의 방에 들국화를 놓고 나온 적이 없다는 것이었다
들국화는 인근 쓰레기장에 버려졌고 이내 소각되었다

아무도 책상 위의 들국화가 그녀라는 사실을 알지 못했다

(현대시학 5월)

함명춘 강원도 춘천 출생. 1991년 《서울신문》 신춘문예로 등단. 시집으로 『빛을 찾아 나선 나뭇가지』 『무명 시인』이 있음. 0505hmc@hanmail.net

허연

시월

잊을 테니까 아프지 말라고 너는 어두운 산 그림자처럼 말했다. 다시는 육지로 돌아오지 않겠다고 다시는 길게 앓지도 않겠다고 너는 낡은 트럭에 올라타면서 웃었다.

매미들의 잔해가 마른 잎처럼 부서지고 있었다.

마을버스를 세 대나 놓치며 정류장에 서 있었다. 통화버튼을 누르지는 못했다. 가까워졌다 멀어지는 자동차의 불빛들이 비현실적이라는 생각을 하면서 전화기를 주머니에 꽂아 넣었다.

세상의 모든 느낌들이 둔탁해졌다. 입맞춤도 사죄도 없는 길을 걸었다. 동네에서 가장 싼 빵을 굽던 가게 앞을 지나면서 다가올 날들에 대해 생각했다. 방금 운 듯 한 하늘이 나를 짓누르고 있었다.

북쪽 어디에는 진눈개비가 내렸다고 했다. 저만치서 무성했던 풀들이 힘없이 시들어갔다. 실눈을 뜬 채, 담장 너머 검게 목이 꺾인 해바라기밭을 바라보고 있었다.

혼자했던 전쟁에서 늘 패하고 있었다. 그걸 시월에 알았다.

(현대문학 1월)

시 작 노 트

나는 숙주로서 시를 위해 무엇을 했는가. 시를 위해 충분히 외로웠는가, 시를 위해 충분히 패배했는가, 시를 위해 충분히 버렸는가. 시를 위해 사막으로 걸어갔는가.

이런 고민을 하는 요즘이다.

허 연 1991년 《현대시세계》로 등단. 시집으로 『불온한 검은 피』『나쁜 소년이 서 있다』『내가 원하는 천사』『오십미터』가 있음. 현대문학상 시작작품상 수상. praha@mk.co.kr

홍성란

나무수류탄

의심해야 하리 살아남으려면

나무 그 속을 그러나 나무로 알아

그러니 남은 건 환멸 그것도 삶이라

야생의 내면은 묻지 않기로 하자

연습 없는 내 비린 피를 뉘우치며 뉘우치며

나비도 앉은 자리에 그늘이 머문다

(문학의오늘 겨울)

시 작 노 트

'달라이 라마'라는 상징으로 시를 썼다.

돌쟁이 웃음처럼
맑은 바람 분다 해도

그것은 그저 살기 위해 짓는 표정

꼬리가
몇 개나 달린 짐승일까
나는

허물처럼 그림자처럼 꼬리가 있다는 걸 나도 모르고 살았다.

홍 성 란 1989년 《중앙시조백일장》으로 등단. 시조집으로 『소풍』『바람의 머리카락』『춤』『애인 있어요』 등이 있음. 현재 유심시조아카데미 원장. srorchid@daum.net

홍일표

열쇠

집이 갇혔다

집 주위를 빙빙 돌아보아도 들어갈 곳이 없다
불쌍한 것은 안인지 밖인지
집이 굶고 있다
식은땀을 흘리고 있다

창문도 닫혀 있다
나는 밖에 갇혀 오도 가도 못한다
집과 나 사이가 이렇게 멀었나
이렇게 가까웠나

꽝꽝 얼어붙은 안과 밖이 으르렁거릴 때
현관 열쇠만한 동박새가 휙 날아간다
단숨에 몸이 반토막 나는 순간
옹고집 같은 집이 사라진다

사방으로 열려 있는 하늘을 들락거리는
작고 동그란 열쇠
수시로 왼쪽 가슴에서 파닥거리며 할딱이지만
쉽게 손에 잡히지 않는

오래전
먼 그대

(시와정신 겨울)

시 작 노 트

전남 승주에 내려온 지 여러 날이 지났다. 온종일 책 읽고 글 쓰고 산책하는 것이 하루의 중요한 일과이다. 세 끼 밥을 해먹어야 하는 것이 고역이지만 그 외의 불편한 것은 없다. 새소리, 바람 소리가 가까운 벗이다. 막 피기 시작한 동백도 손을 내민다. 밭에는 마늘대가 겨울을 잊은 듯 싱싱하게 자라고 있다. 겨울인데 이곳은 겨울이 아닌 듯하다. 쉬다 보니 내가 보이고, 더 외로워야 덜 외롭다는 말을 실감하는 날들이다. 눈치 볼 것도 없고 안달할 것도 없고 나는 나만 여기에서 흐르는 바람이고 무정형의 몸이다. 내일은 선암사에라도 다녀와야겠다.

홍 일 표 1988년《심상》신인상과 1992년《경향신문》신춘문예로 등단. 시집으로『살바도르 달리풍의 낮달』『매혹의 지도』『밀서』등이 있음. 제8회 지리산문학상 수상. phyo58@hanmail.net

황학주

여름의 편도

돌매화가 돌 위에 발을 딛듯
그 어디에 발이 빠져 걸어가자

먼 섬 하나를 밀어
여행을 갈 수 있다면

한 장씩, 말을 두고 들어가 볼까
한두 해 남짓 마음먹을 일도
종이 찾을 일도 없다면
그 깊이는 백지의 일부가 될 수 있을까

섬과 육지 사이에 플러그를 뺀
편도만 달라고 하고

인상이 좋았지만
인연은 좋지 않았던 왕복들을 생각해보자

잘 했다 한 사람을 마음속 깊은 언외로 밀어주었으니
추억의 목질에 동백기름을 묻히면
여행은 싼값에 가는 것이다

나는 파도소리가 높아지는 데서
한참을 내려앉는다

조금만 더 있으면
여행이 끝나는 줄도 모른다

(문학의식 가을)

황 학 주 1954년 광주 출생. 1987년 시집 『사람』으로 작품 활동 시작. 그 밖의 시집으로 『사랑할 때와 죽을 때』 등이 있음. hakjooh@hanmail.net

2018 '작가'가 선정한

오늘의 시집

김병호 김학중 민병도 박성

백핸드발리_창세_바람의 길_웃는 연습_야사리 은행나무_동네에

신용목 신필영 심보선 안웅

가 돌아보았다_우회도로입니다_오늘은 잘 모르겠어_탐험과 소년

장석남 장재선 정철훈 천양

꽃 밟을 일을 근심하다_시로 만난 별들_만주만리_새벽에 생각하

박현덕 서정학 서효인 송종찬

싼 프랑스_여수_첫눈은 혁명처럼_누군가가 누군가를 부르면 내

윤금초 이시영 이 원 이재무

의 서_큰 기러기 필법_하동_사랑은 탄생하라_슬픔은 어깨로 운다

한인준

다운 그런데

김병호

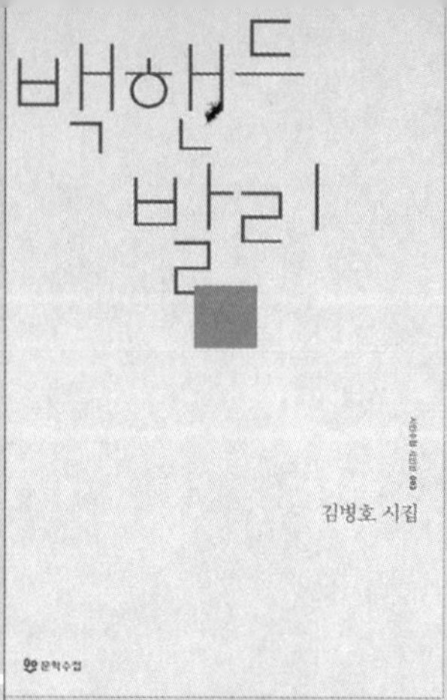

소식이라도 한번 주지 그랬나요
하늘에도 커브(curve)가 있어 별자리나 구름이 급히 기우는 자리가 있습니다
당신이 봄을 앓고 망명을 오래 생각하는 동안 오후는 다만, 다정한 거짓말에 몰두하는 자세입니다
섭섭하지 않은 궁리와 아무렇지도 않은 수작으로 마음속에 마음을 잠급니다
이제, 당신 없이도 고독을 매수하는 방법을 알고 있습니다
짧은 치마의 백핸드 발리처럼 훌쩍, 넘어오는 명랑한 이별을 기억하고 있습니다
덜거덕거리는 울음을 들여다보면 그제야 꽃이 지는 기적이 있습니다
구름과 허공 사이에 놓인 당신을 넘어 질주하는 허기는 까맣고 딱딱하게 오후를 태웁니다
당신은 우주에 떠 있는 커브 안으로 사라집니다

—「커브(Curve)」 전문

‘직유의 시인’이며 ‘사랑의 시인’

— 김병호 시집 『백핸드 발리』 (문학수첩)

김병호 시인은 2013년 두 번째 시집 『밤새 이상을 읽다』로 “한결 같은 인간 존재 형식의 보편성을 수습해 낼 뿐만 아니라 일정하게 서사적 계기에 대한 관심을 통해 우리 시대의 서정 원리를 심화하고 있다”는 평을 받으며 제8회 윤동주 문학대상에서 ‘젊은작가상’을 수상했다. 『밤새 이상을 읽다』에서 시인은 흔히 ‘은유’보다 한 단계 낮은 수준의 수사법으로 평가받던 ‘직유’와 ‘서정’이 어디서 어떻게 만나야 신선한 시적 효과를 자아낼 수 있는 지 정확히 구사함으로써 ‘직유의 시인’으로 거듭났다. 시인이 밝힌 대로, 시인의 시편에서 직유는 가장 친절하면서도 새로운 의미를 창조할 수 있는 고급스러운 수사법으로 쓰였다. 그의 시가 정치하게 서정적이며, 내적 구조는 농밀하고 외적 모양새는 아름답고 또 매력적인 이유는 바로 김병호 시인만의 ‘직유’ 때문이다.

세 번째 시집인 『백핸드 발리』 는 한층 깊어진 시선으로 세상과 삶을 향한 따뜻함을 전한다. 그의 시선은 세상의 그늘, 굵고 화려한 꽃송이를 매단 가느다란 가지가 제 무게를 버티지 못하고 휘어져버린 ‘꽃나무의 피곤’과 같은 곳에서 시작한다. 이것이 그가 바라보는 세상 사람들의 풍경이기도 하다.

“어떤 낯선 풍경에 대해 자신의 경험과 기억과 상상을 정돈하고 갱신하는 과정이 곧 공감이다.” 진정한 마음에서 우러난 시인의 이야기가 『백핸드 발리』에 실린 54편의 시에 온전히 담겨 있다. “다가서되 방해 말고 가만히 함께 들어보며 같이 울음 우는 것이 우리들의 마땅한 자세일 것”이라는 작품 해설자의 말처럼 그의 시를 “내 것도 아니고 당신 것도 아닌”, 하지만 우리의 것으로 진정한 마음으로 공감하며 살다가 종종 끄집어내 보기만 하면 된다.

— 출판사 서평에서

김 병 호 1971년 전남 광주 출생. 2003년 《문화일보》로 등단. 시집으로 『달 안을 걷다』『밤새 이상을 읽다』 가 있음. 한국시인협회 젊은시인상 등 수상. 현재 협성대학교 문예창작학과 교수.

김학중

문학동네시인선 093 **김학중** 시집 **창세**

나를 좀 가려줄래
아무도 없는 말들의 잎사귀들
숨쉬는 정원의 작은 손바닥들
가위로 잘라낸 가지들이
누구의 말일까 너의 말일까
속삭이는 것들은 떨어지고
밖이 어디인지 몰라서 그래
누군가 부른 나무들의 벽은 자라고 자라
옷을 갈아입는 여인들을 가려줄 만큼
단단히 서는 가지의 눈
안으로 안으로만 웅얼거리는 눈을
좀 가려줄래
너의 예언으로
이 세계를 잃어버리고 싶어
벽들이 둘러진 이 미로에 마주서서
이름을 잃을 손목들이 짠 카펫을 펼치면 될까
벽이 가려지면 남겨진 정원이 열리고
네가 불러낸 예언들이 거기서 숲과 열매가 되어
서서 잠들어야 했던 시간을 향기롭게 만들 수 있을까
내가 잃어버린 세계로
너를 안아 가릴 수 있을까

—「예언자 4」 부분

실존적 지향을 첨예하게 보여주는 시집

— 김학중 시집 『창세』 (문학동네)

문학동네시인선 아흔네 번째 시집 김학중 시인의 『창세』를 펴냈다. 이 시집은 2009년 《문학사상》을 통해 등단한 시인의 첫 작품집이기도 하다. 꽃처럼 화려한 컬러감을 자랑하기보다 뿌리처럼 흙 아래로 무성히 뻗어나가는 식의 생명력을 자랑해온 시인은 작정하고 편집한 이번 시집의 구성을 통해 특유의 언어적 스케일과 형식에 있어 완성미를 획득하고 있다.

1977년생으로 또래의 시인들이 한창 미래파들로 분류되어 모던한 감각적 취향을 마구 퍼뜨려댈 때 그는 거대한 우주로 비유될 법한 제가 만난 세계를 제 품에 끌어안고 제 심장박동에 타이머를 맞추었다. 그리고 오로지 그 소리에 집중했다. 널찍널찍한 사유의 그물을 쫀쫀히 박음질해나간 시인의 손은 겉으론 투박해 보여도 야물기가 그지없는 데 시의 맨 마지막에만 끝끝내 마침표를 박는 그의 고심 속에 장인의 어떤 폼을 읽는다. 그래서, 보다 천천히 가능하면 아주 느려터진 박자로 한 페이지 한 페이지 넘겨봐야 할 시집이 『창세』 같다.

자신의 존재값에 대해 심원한 사유를 펼치고 나아가 삶의 의미를 묻고 따지려는 실존적 지향을 첨예하게 보여주는 시집. 김학중 시인만의 '궁극적 관심' 사에 매료될 가능성이 아주 큰 시집. 무엇보다 시를 읽는 우리에게 한 시인의 첫 시집은 반드시 통과해줘야 할 아름다운 의무 같다. 특히나 2017년에 나온 시집들 가운데 아주 색다른 첫 시집이란 것을 감히 자부하는 바다.

— 출판사 서평에서

김 학 중 1977년 서울 출생. 2009년 《문학사상》으로 등단. 시집으로 『창세』가 있음.

민병도

길은 잠시 머리 숙여 대숲 아래 조아리고
얼마나 앓았던가 오곡문 야윈 물소리
줄 터진 조선 거문고 신음소리 달랜다

바람이야 시나브로 댓돌이나 닦는다지만
묵은 빨래 헹궈 널듯 제월당에 앉노라면
소쇄옹 마른 벼루에 먹을 가는 낮달 하나

생각을 내려놓으면 마음은 만리장천,
뱁새로 살면 어떻고 황새로 살면 어떤가
청매화 맑은 향기가 잠든 산을 깨운다

—「소쇄원」 전문

다시 꽃을 읽으며

— 민병도 시조집 『바람의 길』 (목언예원)

꽃의 시간은 언제나 현재에 초점이 맞춰져 있다. 더러는 화려하게, 혹은 소담하게 피는 잠시의 순간처럼 보이지만 그러나 한 송이의 꽃에는 지나간 백년의 시간이 잠들어 있고 다가올 천년의 미래가 대기하고 있다.

우리들의 눈에 보이는 꽃의 시간은 결코 길지 않다. 하지만 그 찰나의 이면에 숨겨진 시간을 읽어 들어가면 무한한 길이와 광활한 넓이로 존재한다. 거기에는 이 땅에 생명이 존재한 태초로부터의 모든 과거와 현재, 그리고 미래가 어우러져 하나의 눈부신 화두로 자리하기 때문이다.

나는 꽃의 책장을 한 장 한 장 넘겨갔다. 떨어지는 꽃의 마음에는 결코 원망이라는 단어가 내장되어 있지 않았다. 설사 올해가 아니더라도 또 내년이 기다리고 있기 때문이다. 아니 굳이 내가 아니더라도 네가 있기 때문이다. 꽃에게는 외로울 시간이 없다. 누구에게도 휘둘리지 않고 자신과의 또 다른 만남을 소중히 하는, 자유로운 시간이 있을 뿐이다.

꽃은 가장 화려할 때 떠나야한다는 것을 너무도 잘 알고 있다. 또한 꽃은 어떤 경우에도 불만을 말하지 않고 어떤 물음에도 화려한 대답을 하지 않는다. 다만 가만히 자신을 흔들어 줄 뿐이다. 꽃은 결코 슬픈 표정을 짓지 않는다. 그리고 불행을 입에 담지도 않는다. 아무리 세찬 비바람도, 거친 눈보라도 따스한 햇살과 다름없는 사랑임을 알기 때문이리라.

— 시인의 산문에서

민 병 도 1953년 경북 청도 출생. 1976년 《한국일보》 신춘문예로 등단. 시집으로 『원효』 『장국밥』 『들풀』 등 20권이 있음. 한국문학상, 중앙시조대상, 가람시조문학상, 김상옥문학상 등 수상. 현재 계간 ≪시조21≫ 발행인, 이호우 · 이영도문학기념회 회장, (사)국제시조협회 이사장.

박성우

날이 맑고 하늘이 높아 빨래를 해 널었다

바쁠 일이 없어 찔레꽃 냄새를 맡으며 걸었다

텃밭 상추를 뜯어 노모가 싸준 된장에 싸 먹었다

구절초밭 풀을 매다가 오동나무 아래 들어 쉬었다

종연이양반이 염소에게 먹일 풀을 베어가고 있었다

사람은 뒷모습이 아름다워야 한다고 생각했다

—「또 하루」 전문

쓸쓸한 밤에 닿아도 우리는 웃을 수 있다

— 박성우 시집 『웃는 연습』 (창비)

한국 서정 시단을 대표하는 박성우 시인의 신작 시집 『웃는 연습』이 출간되었다. 생동감 넘치는 곰삭은 시어로 공동체적 삶의 풍경을 그리며 '새로운 언어의 발견'을 보여준 『자두나무 정류장』(창비 2011) 이후 6년 만에 펴내는 네 번째 시집이다.

이번 시집에서 시인은 "도처에서 반짝거리는 일상의 아름다움을 포착"하여 "어떤 삶과 어떤 사연과 어떤 침묵"들이 고요 속으로 스며드는 "역사적이고 아름다운 삶의 순간들"(문신, 해설)이 고스란히 한편의 시가 되는 진경을 펼쳐보인다. 생활의 실감이 오롯이 배어든 찰진 언어들과 삶 속에서 우러나는 질박한 입말들이 정겨움을 더하는 여리고 부드러운 시편들이 따듯한 위안과 잔잔한 감동을 선사한다. 특히 시집 앞에 놓인 한행짜리 잠언류의 시들은 서늘한 공감을 자아내며 성찰의 시간을 갖게 한다.

시인의 이름만으로도 가슴이 푸근해지는 시가 있다. 박성우의 시가 그렇다. 누가 읽어도 쉽고 편안하게 다가갈 수 있는 친숙함이 배어 있고 어떤 생명력이 몸 안에서 꿈틀거리는 그의 시는 굳이 해명하거나 분석할 필요가 없다. 그저 흐르는 대로 읽고 공감하면 그뿐이다. 시인은 "박새가 이팝나무 아래 우체통에 둥지를 틀"(「백일홍」)고 "조팝꽃무늬가 새겨진 강물 두어필"(「조팝꽃무늬 천」)이 흐르는 한 폭의 수묵화 같은 농촌의 순박한 정경 속으로 우리를 안내하여 "하냥 웃고만 살다 가기에도 아쉬운 게 삶"(「석구상石拘像」)이라며 위로를 건넨다.

천생 시인일 수밖에 없는 사람. 세상을 바라보는 따스한 시선과 더없이 순정한 마음으로 "여전히 새로운 시의 길을 만들어내고 있"는 그를 "시인이 아니라면 또 무엇이라 부를 것인가."(박준)

— 출판사 서평에서

박 성 우 1971년 전북 정읍 출생. 2000년 《중앙일보》 신춘문예로 등단. 시집으로 『거미』 『가뜬한 잠』 『자두나무 정류장』 등이 있음. 신동엽문학상, 윤동주젊은작가상 등 수상.

박현덕

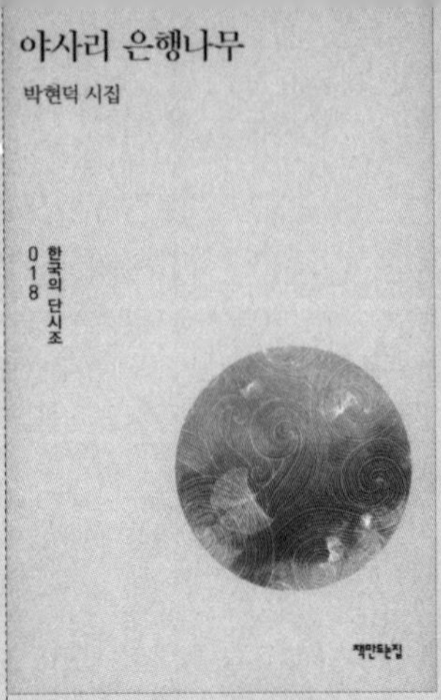

어제도 노거수에
아낙 몇이 술 드렸다

즈믄 상처 도려냈던
외과 수술 그 흔적이

여든 해
우리 어머니
끌고 다닌 다리 같다

—「야사리 은행나무*」 전문

* 화순 이서면 야사리에 있는 은행나무. 수령 500년 이상 된 천연기념물로 전란이나 나라의 불운이 있을 때 우는 소리를 낸다고 한다.

작고 낮은 것들의 아름다운 힘

— 박현덕 시집 『야사리 은행나무』 (책만드는집)

박현덕 시집 『야사리 은행나무』는 단장시조 60편을 정확히 15편씩 4부로 나누었다. 앵강에서 팽목항으로, 완도에서 마산으로, 감은사지에서 영등포까지 종횡을 가리지 않고 떠돌지만, 가는 곳마다 유배지다.

김만중도 만나고, "술 취해 절규하는 / 유배지의 / 노인"(「판잣집」)도 만난다. 얼굴은 달라도 모두 화자의 자화상이다. "술잔을 털면서" "세상 참 힘들다"(「매운탕집」)고 말하여도 세상은 취하지 않고 나(화자)만 취한다. 아니, 세상은 이미 취해 있다. 취해 있는 세상은 감옥이다. 그런데 문득 "근본이 무엇인지 / 잎도 꽃도 / 지고 말아 // 어머니 다듬이 소리 / 화살처럼 박힌다"(「겨울비－김만중 생각」).

"어머니의 긴 한숨이 / 도랑에 고"(「밤 빗소리 1」)여 있는 게 보인다. 비로소 나를 열어놓는다. "나는 늘 감옥 갇혀 / 마른 꽃처럼 / 삽니다 // 우물보다 더 깊은 / 내면의 / 눈물통 하나 // 햇빛에 / 바짝 말립니다 / 마음의 문 / ㄲㄹㄱ"(「앵무새」). 나를 풀어, 나를 놓친다. "눈물이 / 다녀갔는가 / 목련꽃 피었다 진다"(「밤 빗소리 1」). 갇혀 있던 나를, 끄른다. 연다. 핀다. "가을볕이 / 입속에서 / 살강살강 씹힌다"(「시월」)……. 절창이다.

— 출판사 서평에서

박 현 덕 1967년 전남 완도 출생. 1987년 《시조문학》에 천료되었으며, 1988년 《월간문학》 신인상에 시조가, 1993년 《경인일보》 신춘문예에 시가 당선됨. 시집으로는 『겨울 삽화』 『밤길』 『주암댐, 수몰지구를 지나며』 『스쿠터 언니』 『1번 국도』 『겨울 등광리』가 있음. 중앙시조대상, 김만중문학상, 한국시조작품상, 오늘의시조문학상 등 수상.

서정학

스무 개가 겨우 천 원이라는 상상 초월 대박 가격에 모든 사람들은 뛰기 시작했다. 재료값도 안 나오는 착한 가격! 안 사는 것이 손해! 붉은 글씨로 빼곡히 적힌 불어 현수막은 들이닥친 사람들의 발밑 바닥에서 뒹굴고 있었다. 누군가 필사적으로 에펠탑을 향해 소리치며 누군가는 큰 소리로 라데팡스를 향해 울었다. 붉은 나비 같은 유로가 하늘을 향해 아름다운 디자인을 뽐내며 날고 있었다. 종이상자를 양손에 들고 아무도 접근하지 말라며 경고한다. 프랑스에서 만든 것은 프랑스로! 점장은 고객들의 품 가득 사은품을 챙겨 주느라 분주했다. 본전이나 뽑을 수 있을지 모두들 걱정하는 가운데 그 많던, 프랑스가. 결국 매진되었다. 눈가가 붉게 물든 점장은 전단지를 둥글게 말아 격양된 악센트의 불어로 모든 이들에게 감사 인사를 전했다. 매장 바깥에서 누군가 주차된 차들 사이로 화염병을 던져 하늘이 붉게 물들었다.

—「동네에서 제일 싼 프랑스」 부분

상상과 유희를 극대화한 자리

— 서정학 시집 『동네에서 제일 싼 프랑스』 (문학과지성사)

서정학의 두 번째 시집 『동네에서 제일 싼 프랑스』가 출간되었다. 1998년 첫 시집 『모험의 왕과 코코넛의 귀족들』을 낸 지 19년 만이다. 데뷔 당시 "첨단 문명이 낳은 새 문화들에 침윤된 시인은 문화 중독자답게 바로 그것들의 방식으로 세상을 보고 느끼고 짓는다"(『문학과사회』 편집동인)는 평을 들었으며, 이후 함기석, 이수명, 이철성 등과 함께 "억압적 질서와 형식을 파기"하는 "신세대 시인"(문학평론가 정끝별)으로 분류되기도 했다. 이후 시인은 꾸준히 시를 쓰는 동시에 서촌 골목에 나눔 가능한 예술적 아이디어를 실현시키는 '세컨드 뮤지엄'을 열어 소규모 전시나 워크숍 등을 진행하는 등 다양한 예술 분야의 디렉터로도 활동해왔다. 이번 시집에는 그가 지난 시간 동안 써온 시들 중 고심 끝에 고른 서른네 편이 고르게 묶였다. 2017년에 쓴 시들이 담긴 [17 흔적] 장부터 1999년에 쓴 시들이 모인 [99 반복] 장까지 역순으로 구성되어 있다. 이번 시집은 예민하면서도 유머러스한 문장들의 맛을 즐길 수 있는 동시에, 시의 형식이 가진 느슨함을 최대한으로 끌고 나가 그 넓어진 공간에서 충만한 유희를 선보인다.

시인은 표제작인 「동네에서 제일 싼 프랑스」를 비롯한 '프랑스' 연작시들에 대해 이야기하며 "첫 시집과는 다르게 '내가 빠져나가는 느낌'이었다"고 표현한 바 있다. 하지만 첫 시집과 이번 시집을 연속해서 읽다 보면 서정학의 시풍이 격변했다고 느끼기보다는, 그의 시들이 대부분 일상과 밀착된 시들이기에 당연하게 변해가는 시절과 세대 감각을 시에 반영한 것처럼 읽힌다.

이 시집은 "나도, 독자도 '시'로 읽을 수 있을 것"이라 기대한 시인의 온전한 결과물인 동시에, 오로지 당신, 개인의 고유한 독서 경험으로 새로 구축될 것이다.

— 출판사 서평에서

서 정 학 1971년 서울 출생. 1995년 《문학과사회》로 등단. 시집 『모험의 왕과 코코넛의 귀족들』 등이 있음.

서효인

나는 앉는 일에 대해 오래 생각했다. 그는 대통령의 목을 따버리기 위해 빠른 속도로 능선을 타고 넘었다. 생각보다는 결과가 중요하다. 누군가 어젯밤의 뒤숭숭한 결과를 빈자리에 토해놓았다. 누군가 그를 목격했지만, 그는 겨울 짐승처럼 보였다. 나는 비칠거리는 몸뚱이를 손잡이 하나에 기댄 채, 토사물을 오래 노려보아야 했다. 그는 남쪽과 서쪽의 중간 즈음, 목표지를 정확하게 가늠했다. 예측보다는 결과가 중요하다. 버스 기사가 라디오 볼륨을 높인다. 뉴스는 중요한 소식을 아무도 모른다는 듯이 호들갑이다. 그는 주파수를 맞춰 동료들의 죽음을 확인한다. 오른편에는 얼어버린 한강이, 왼편에는 지저분한 도로가 누워 있다. 나는 부러웠다. 왼쪽 가슴팍엔 붉은 심장이, 오른손에는 날카로운 단도가 날을 세웠다. 그는 무서웠다. 결과는 중력처럼 정해져 있는 것이다. 서울로 진입하는 모든 도로가 정체라고 라디오는 전한다. 야전 지도는 서울의 서쪽 어딘가로 그를 이끈다. 우린 늦었고 그는 목사가 되었다.

자유로는 광명과 자유를 주고, 자유로는 출근과 퇴근을 주며……

—「자유로」 부분

시간의 체취가 담겨 있는 공간

— 서효인 시집 『여수』 (민음사)

"수평적 공간뿐 아니라 공간의 위아래를 꿰뚫는 수직의 시간, 공간이 품고 있는 분위기와 공기를 예민하게 캐치하고 싶은 욕망이 있다"(『씨네21』 No.1062 인터뷰). 서효인의 시에서 공간은 시간의 체취가 담겨 있는 곳이다. 『여수』 속 63편의 시들 가운데 50편의 제목이 공간과 관련된 것인데, 크게는 서울, 목포, 여수처럼 지역의 이름이거나 연희동, 이태원, 금남로 같은 도시 안의 구역, 자유로와 올림픽고속도로처럼 지역들을 잇는 길들, 작게는 학교 연못이나 주차장까지를 포함한다.

이 시집의 발문을 쓴 문학평론가 김형중은 서효인의 세 번째 시집 속에서 만나게 되는 장소들이 과거와 현재가 겹쳐지고 사적 기억에 공적 역사가 중첩되어 새로운 의미를 갖게 된 곳들이라고 말한다. 이를테면 자유로 위 출근길 만원 버스에서의 나와 1968년의 무장공비 김신조가 오버랩되고(「자유로」), 체육관에서는 1970년대의 프로레슬링과 1980년대의 체육관 선거, 최근의 외국 뮤지션 공연이 동시에 펼쳐진다(「장충체육관」). 성장과 가족사, 조문, 짧은 여행, 출퇴근과 일상의 범위를 넘지 않는 여정들이다. "비동시적인 것들이 동시적으로 존재하는 특이한 장소들, 역사가 공간화된 장소들", 사적 기억과 공적 기억 들이 누적 · 교차된 서효인의 장소들은 그러므로 여기 아닌 어딘가로 도망치기 위한 것이 아니라, 그곳을 겹쳐 밟았을 언젠가의 누구에 대한 물음에서 시작된 치밀한 기록, 지리지로 읽히곤 한다. 시간과 공간이 세로축과 가로축이 되어 만날 때, 장소는 생명을 얻는다. 그 교차 지점에 서효인의 시가 위치한다.

— 출판사 서평에서

서효인 1981년 목포 출생. 2006년 《시인세계》로 등단. 시집으로 『소년 파르티잔 행동 지침』 『백 년 동안의 세계대전』 『여수』. 산문집 『이게 다 야구 때문이다』 『잘 왔어 우리 딸』 등이 있음. 김수영 문학상 수상.

송종찬

갈 데까지 간 사랑은 아름답다
잔해가 없다
그곳이 하늘 끝이라도
사막의 한가운데라도
끝끝내 돌아와
가장 낮은 곳에서 점자처럼 빛난다
눈이 따스한 것은
모든 것을 다 태웠기 때문
눈이 빛나는 것은
모든 것을 다 내려놓았기 때문
촛불을 켜고
눈의 점자를 읽는 밤
눈이 내리는 날에는 연애도
전쟁도 멈춰야 한다
상점도 공장도 문을 닫고
신의 음성에 귀 기울여야 한다
성체를 받듯 두 눈을 감고
혀를 내밀어보면
뼛속까지 드러나는 과거
갈 데까지 간 사랑은
흔적이 없다

—「눈의 묵시록」 전문

러시아에서 부친 첫눈의 감성

— 송종찬 시집『첫눈은 혁명처럼』(중앙북스)

문예중앙시선 48호는 송종찬 시인의 세 번째 시집『첫눈은 혁명처럼』이다. 이홍섭 시인은 해설에서 "해설 쓰는 책무를 망각한 채 각성과 설렘에 빠져들며 시를 쓰고 싶은 충동을 느꼈다"고 표현할 정도로 시인의 짧은 시들은 정치한 리듬 속에서 생생한 감동을 전달하고 있다.

십년 만에 내놓은 이번 시집은 광활한 러시아의 설원과 압록강과 두만강을 맞대고 있는 국경지역 등을 주 배경으로 삼고 있다. 일상에서 발현되는 소소한 문제의식을 뛰어넘어 확장된 북방의 공간 속에서 새롭게 발견한 아름다움, 순수한 세계를 열망하는 마음, 평화를 염원하는 마음을 때론 간결한 형식 속에 때론 유장한 리듬 위에 담아내고 있다. 짧은 형식이 제어하는 시적 긴장, 고전적 품격, 비장미를 두루 갖춘 시편들을 차근차근 읽어나가다 보면 이용악, 오장환, 백석 등이 선취했던 북방의 정서와 대륙적 상상력을 만나는 귀한 장면을 목격할 수 있다.

시인은 몇 년 동안 디아스포라가 되어 국경 밖에서 지냈다. 하지만 그가 돌아가야 할 곳, 그리고 사랑해야 할 것들을 한시도 잊지 않고 있음을 이 시는 보여준다. 어쩌면 사철 햇살이 따사로운 한반도가 시베리아보다 더 추운 곳으로 느껴졌을지도 모른다. 고국에서 들려오는 불편한 소식들 때문에 때로는 밤잠을 설치기도 하고, 함께 아파하지 못하는 것에 대한 부채의식을 가졌을 것이다. 국경이 사라져버린 시대에 만주, 연해주는 먼 곳이 아니다. 생존을 위해 하루하루 몸부림쳐야 하지만 분단은 우리가 뛰어넘지 못할 공간은 아니다. 첫눈을 기다리는 순정한 마음, 자작나무의 환한 빛, 폭설을 뚫고 피어나는 시베리아의 들꽃 같은 기운만 있다면 봄은 끝내 오리라는 것을 이 시집은 보여주고 있다.

송 종 찬 1966년 고흥 출생. 1993년《시문학》으로 등단. 시집으로『그리운 막차』『손끝으로 달을 만지다』외 러시아어 시집『시베리아를 건너는 밤(ТранссибирскиеНочи)』이 있음.

신용목

울음 속에서 자신을 건져내기 위하여 슬픔은 눈물을 흘려보낸다
이렇게 깊다
내가 저지른 바다는

창밖으로 손바닥을 편다

후회한다는 뜻은 아니다
비가 와서

물그림자 위로 희미하게 묻어오는 빛들을 마른 수건으로 가만히 돌려 닦으면

몸의 바닥을 바글바글 기어온 빨간 벌레들이 눈꺼풀 속에서 눈을 파먹고 있다

슬픔은 풍경의 전부를 사용한다

—「저지르는 비」 전문

외로움과 절망을 마주하는 시인의 간절한 부름

— 신용목 시집 『누군가가 누군가를 부르면 내가 돌아보았다』 (창비)

2000년 『작가세계』 신인상으로 등단한 이후 감각적 사유와 탁월한 언어 감각으로 서정시의 새로운 면모를 보여주며 끊임없는 자기갱신을 지속해온 신용목 시인의 네 번째 시집 『누군가가 누군가를 부르면 내가 돌아보았다』가 출간되었다. "서정시의 혁신"(박상수)이라는 호평을 받았던 『아무 날의 도시』(문학과지성사 2012) 이후 5년 만에 펴내는 이 시집에서 시인은 당대 사회 현실을 자신의 삶 속에 끌어들여 존재와 시대에 대한 사유의 폭과 감각의 깊이가 더욱 확장된 시세계를 선보인다. 삶에 드리워진 슬픔과 상처를 연민에 찬 시선으로 들여다보는 섬세한 비유와 세련된 이미지, 탄탄한 시적 구성이 돋보이는 견고한 시편들로 짜인 "아름답고 참혹한 시집"(허수경)이다. 2017년 현대시작품상 수상작 「공동체」(외 9편)를 포함하여 모두 70편의 시를 부 가름 없이 실었다.

시인은 삶의 고통 속에서 주로 낮고 그늘진 곳을 응시하는 눈으로 어두운 세상을 바라본다. 시인은 "기쁘다고 말하며 울고 슬프다고 말하며 웃는 사람들"(「착하고 좋은 사람들」)이 언제나 "가장 소중한 것을 착취당하"며 살아가는 세상에서는 "어떤 비도 슬픔을 씻기진 못하"(「후라시」)고 "슬픔과 몸이 하나일 수 있다는 것"(「가을과 슬픔과 새」)을 깨닫는다. 이 어두운 시대를 어떻게 살아갈 것이냐는 고뇌 속에서 시인은 전망이라곤 당최 보이지 않는 '아무 날의 도시'에서 살아가는 존재들의 "사랑과 슬픔과 분노"(「노랑에서 빨강」)를 곡진한 언어로 기록하며 삶의 진실에 다가가고자 한다.

시인은 이번 시집에서 "차마 경계 지을 수도 없는 인간이라는 보편의 사정을 한 철저한 개인의 반성을 통해 그려내는 것이 어떻게 가능할 수 있는가"(김나영, 해설)를 여실히 보여준다.

— 출판사 서평에서

신 용 목 1974년 경남 거창 출생. 2000년 《작가세계》로 등단. 시집으로 『그 바람을 다 걸어야 한다』 『바람의 백만번째 어금니』가 있음. 시작문학상, 육사시문학상, 젊은시인상 등 수상.

신필영

우회도로입니다

말할 걸 그랬나보다 광고처럼 확, 뜨도록

신호등도 더러 나와 한숨씩 돌려가며

나 지금 봄꽃이 겨운 산 밑 길을 지나간다

사통팔달 열려있는 지름길 놓아두고

키다리 가로수들 보폭으로 뚜벅뚜벅

멀수록 그립다기에, 아껴가며 가고 있다

—「우회도로입니다」 전문

시조 시단의 중진이 들려주는 외로된 성취

— 신필영 시집 『우회도로입니다』 (천년의시작)

신필영 시인은 자기 자신에 대한 깊은 성찰과 뭇 사물에 대한 새로운 발견의 감각을 통해, 삶의 본원적 구경究竟에 가 닿은 사람만이 가질 수 있는 원숙한 언어와 표현을 보여준다. 그리고 시간이 갈수록 점증漸增하는 역설적 지혜를 통해 자기 확인을 넘어 사물을 오롯이 그 자체로 담아내는 서정시의 원초적이고 궁극적인 몫을 함께 보여준다. 나아가 시인은 그동안 축적해온 삶의 두께로부터 비롯되는 역량을 구체적으로 우리들에게 보여주고 있는 데, 가령 이번 시집은 이러한 안목과 솜씨를 통해 때로는 역동적이고 때로는 잔잔하고 은은한 언어로 갈무리되어 있는 성과라고 할 수 있다. 우리 시조 시단의 중진이 들려주는 외로된 성취가 아닐 수 없을 것이다. —「출판사 서평」에서

군더더기없이 깔끔하고 감각적인 언어가 시집 전체를 이루고 있는 데, 특히 주목할 점은 이 시집의 작품 대부분에서 시인은 아무 것도 하지 않거나, 아무 것도 생각하지 않기 위해 애쓴다는 점이다. 다시 말해, 시인은 무위無爲의 글쓰기를 지향하면서 동시에 작품은 무위無爲의 상태에 이르게 된다. 그러나 '무위無爲'는 아무 것도 하지 않는 것이 아니다. 아무 것도 이루어지지 않는 곳, 아무것도 완성되지 않은 이 무위의 깊이야말로 존재의 깊이이기 때문이다. 그러니까 처음과 끝도, 생성과 소멸도 없는 무위는 존재의 무한함을 조금이나마 엿보게 한다(유한자가 무한을 얼마나 볼 수 있겠는가). 이 무위의 공간은 침묵과 고독의 공간이지만, 아무 말도 하지 않았으나, 너무 많은 말이 숨겨져 있다.

— 김남규(시인)

신 필 영 1983년 《한국일보》 신춘문예로 등단. 시조집으로 『달빛 출력』 『둥근 집』 등이 있음. 이호우시조문학상 등 수상.

심보선

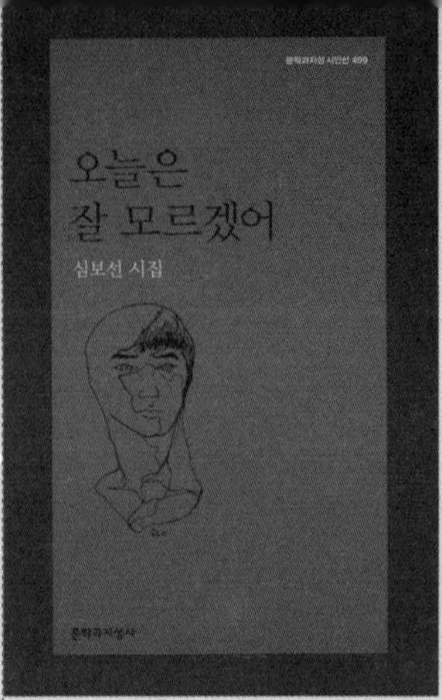

내가 이름이 뭐냐고 물어보자
그는 죽은 이들의 이름을 보여주고
그중에 하나를 고르라 했다

내가 손가락으로 가리키자
그것이 그의 이름이라 했다

같은 목록에서 이제 내 이름을 찾아보라 했다
그날 거기서 어떤 변화가 시작됐다

—「근육의 문제」 부분

사회학자 혹은 시인으로서의 시작詩作

— 심보선 시집 『오늘은 잘 모르겠어』 (문학과지성사)

심보선의 세 번째 시집 『오늘은 잘 모르겠어』가 문학과지성사에서 출간됐다. 첫 시집 『슬픔이 없는 십오 초』(문학과지성사, 2008)와 두 번째 시집 『눈앞에 없는 사람』(문학과지성사, 2011)으로 대중과 문단의 주목을 한 번에 모아온 시인이 6년 만에 묶은 새 시집이다.

평론가의 해설을 덧붙이는 대신 시인이 선별한 에세이 「당나귀문학론」을 덧붙였다. 부록의 형태로 붙은 이 산문은 『오늘은 잘 모르겠어』을 탐닉하는 심보선의 독자들에게 독특한 재미를 더해줄 것이다.

사회학자이자 시인인 심보선은 불행한 현실을 부정하지 않으면서, 동시에 그 안에서 긍정적 결말을 끌어낼 수 있는 언어를 풀어놓는다. 끊이지 않는 삶의 슬픔과 고통, 어둠이 파노라마처럼 이어지는 가운데 심보선은 슬픔 사이 찰나의 순간, 눈앞에 없는 것들의 존재를 포착해낸다. 세상은 고통과 슬픔의 연속이지만, 그럼에도 불구하고, 아직 끝나지 않았기에 모습을 드러내지 않은 희망이 남아 있기에 삶이 그저 슬픔으로 끝나지 않도록 또 다른 가능성을 제안하는 셈이다.

새로운 희망을 상상할 수 있는 세계, 심보선이 시 언어로 지은 유예의 공간으로 독자들을 초대한다.

— 출판사 서평에서

심 보 선 1970년 서울 출생. 1994년 《조선일보》 신춘문예로 등단. 시집으로 『슬픔이 없는 십오 초』 『눈앞에 없는 사람』, 산문집으로 『그을린 예술』 등이 있음.

안웅선

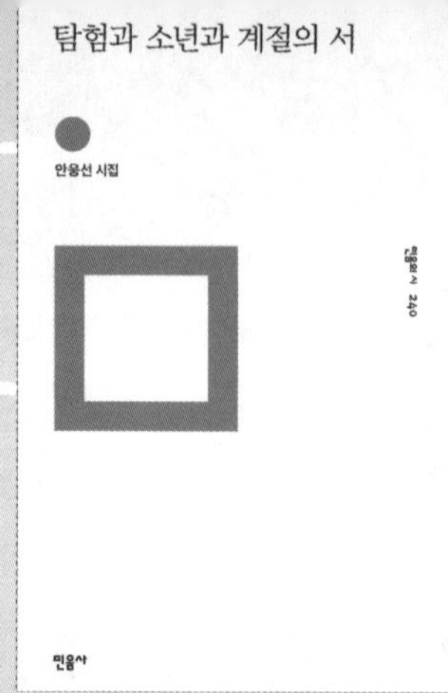

나는 혀에 통증의 지도를 그려 온 사람들의 얼굴을 돌에 새겨 신을 기른다

(……)

나는 끊임없이 질문합니다 뒤집혀 날아가 버린 우산과 꺾여 버린 가지에 남아 있는 잎들에 대하여
눈 감은 나를 돌아보고 대답하는 대신, 태풍은 아직 내게 비 오는 밤 내어 준 당신의 젖은 등이라고 비에 젖어 구멍 난 종이 가방에 색종이를 오려 붙여 주어야 한다고

—「표류」 부분

모든 죽어 가는 것들을 위한 소년의 기도

— 안웅선 시집 『탐험과 소년과 계절의 서』 (민음사)

2010년 《세계의 문학》 신인상을 받으며 등단한 안웅선 시인의 첫 시집 『탐험과 소년과 계절의 서』가 민음의 시 240번으로 출간되었다. 안웅선은 "쇳물이 녹아떨어지는 듯 강렬한 이미지들의 병치 효과와 고고하고 서늘한 언어를 구사한다"는 평을 받으며 작품 활동을 시작했다. 첫 시집 『탐험과 소년과 계절의 서』에서 시인은 종교와 세속, 삶과 죽음을 섬세한 감각으로 탐구한다. 운명을 떠받치고 있는 두 축들은 평행한 듯 교차하고, 따로 떨어진 듯 한 몸이다. 이 세계의 아이러니는 시집을 관통하는 쓸쓸하고 오래된 비밀이다. 그것을 발설하는 안웅선의 화자들은 한없이 투명하고 유약한 성장기의 소년처럼 보이는 동시에, 세상을 전부 살아 버린 노인처럼 보인다.

상처 입은 사람은 다른 사람이 상처 입는 일에 민감하다. 안웅선의 화자들은 언제고 상처를 입었던 듯하다. 세계에 의해, 무수한 타인들에 의해, 스스로에 의해 따돌림당하고 약해진 소년 화자는 상처의 흔적을 안고 탐험을 떠난다. 표제작 「탐험과 소년과 계절의 서」에서 "난독증을 앓는 소년"이 헤매는 것은 문장과 문장 사이뿐만이 아니다. 너무 일찍 고통을 알아버린 소년은 "살아 있는 것만", "아름다움만" 보고싶었으나 정작 그는 모든 죽어 가는 것들, 고통받는 이들을 응시하게 된다. 필연적인 고독과 고통을 목격하게 될 때마다 숨을 깊게 들이쉬고 한 글자 한 글자 "모두의 이름을 받아 적"는다. 그 와중에 "누구의 편도 들어 줄 수 없어 슬퍼지는" 소년의 마음은 『탐험과 소년과 계절의 서』에 드리워진 묵직한 정서다. 유약한 소년이 그의 언어로 다시 써낸 고통의 장면은 오래된 설화처럼, 혹은 먼 곳에서 온 엽서처럼 우리에게 도달한다.

— 출판사 서평에서

안 웅 선 1984년 순천 출생. 2010년 《세계의문학》 신인상으로 등단. 시집으로 『탐험과 소년과 계절의 서』가 있음.

윤금초

발묵 스릇 번져나는 해질 무렵 평사낙안
시계 밖을 가로지른 큰기러기 어린진이
빈 강에 제 몸피만큼 갈필 긋고 날아간다.

허공은 아무래도 쥐수염 붓 관념산수다.
색 바랜 햇무리는 선염법을 기다리고
어머나! 뉘 오목가슴 마냥 젖네, 농담으로.

곡필 아닌 직필로나 허허벌판 헤매 돌다
홀연 머문 자리에도 깃털 뽑아 먹물 적시고
서늘한 붓끝 세운다, 죽지 펼친 저 골법骨法.

—「큰기러기 필법筆法」 전문

* 큰기러기는 공중을 날 때 사람인人자 모양 어린진을 친다. 대오 가운데 맨 우두머리가 항상 앞장서서 리더 역할을 한다. 큰기러기는 잠시 머물다 간 자리에도 깃털을 뽑아 떨어뜨려 두는 습성이 있다. 이른바 '유묵遺墨'처럼 제 다녀간 흔적을 남겨 두는 것이다.

생명 가치의 생태적 세계관으로의 귀환

— 윤금초 시집 『큰기러기 필법』(동학사)

윤금초 시인의 『큰기러기 필법』(동학사, 2017)은 근원적이고 강렬한 에너지로 자연과 인간에 대한 탐색을 지향하고 있다는 점에서 윤금초만의 시조 미학을 견지하고 있다. 윤금초 시조가 생태적 시각으로도 읽히는 것은 그의 작품에는 서정성을 기반으로 한 미의식이 생명 가치의 생태적 세계관으로 표출되기 때문이다.

윤금초의 생태적 서정시는 동양적인 '융합의 세계관과 삶의 순환적 질서'에 대한 낙관적 전망을 내포한다. 생명을 창조적으로 형상화하는 데 그의 시는 인간과 자연, 생물과 환경, 생명과 생태계 간의 조응과 교감 등 조화로운 일체감을 기본으로 마련한다.

그의 시조 「쓰르라미의 시 2」를 보면 작은 풀벌레의 울음소리에서도 생명을 탄주하고 있다. 자연과 생명이 공생하는 과정을 통하여 생태와 서정의 결속을 보여주는 것이다. 윤금초의 이러한 의식은 일면 자연서정만을 강조하는 것 같지만 이는 자연과의 합일을 통한 일원론적 세계관으로 파악할 수 있다. 자연의 순리가 이상적이고 인간의 삶도 순환적 방법 위에서 자연의 법칙과 우주의 원리를 재탐색하고 있는 것이다. 그는 자연의 심미적 서정을 통하여 인간과 자연, 생물과 무생물 사이를 경계 짓지 않는 융합의 사고를 지향한다. 이러한 물활론적 세계관은 세계를 다원적으로 인식하고자 하는 의지이자, 세계와 공존하고자 하는 상생 의지이며, 생태관에서 공동체적 가치를 실현하고자 하는 의지라고 할 수 있다.

결국 윤금초 시인은 이 시집에서 자연의 존재성에서 인간의 삶을 얼비치게 하는 생태적 사고의 한 단면을 보여준 것이다. 다시 말하면 그의 시편은 자연을 통해 삶을 치유하려는 상상력에서 발원하고, 그러한 과정에서 더 깊고 넓은 생태론적 세계관으로 확장해 나간다. — 우은숙(시인, 문학박사)

윤금초 1941년 해남 출생. 1966년 공보부 신인예술상과 1968년 《동아일보》 신춘문예로 등단. 시집 『어초문답』 『땅끝』 『해남 나들이』 『이어도 사나, 이어도 사나』 『무슨 말 꿍쳐 두었니?』, 한국시조대상 수상 작품집 『큰기러기 필법』, 4인 시조선집 『네 사람의 얼굴』 『네 사람의 노래』 등이 있음. 현재 (사)민족시사관학교 대표. 《정형시학》 발행인.

이시영

내 고향 구례군 산동면은 산수유가 아름다운 곳. 1949년 3월, 전주농림 출신 나의 매형 이상직 서기(21세)는 젊은 아내의 배웅을 받으며 고구마가 담긴 밤참 도시락을 들고 산동금융조합 숙직을 서러 갔다. 남원 쪽 뱀사골에 은거 중인 빨치산이 금융조합을 습격한 것은 정확히 밤 11시 48분. 금고 열쇠를 빼앗긴 이상직 서기는 이튿날 오전 조합 마당에서 빨치산 토벌대에 의해 즉결처분되었다. 소식을 듣고 달려간 아내가 가마니에 둘둘 말린 시신을 확인한 것은 다음다음 날 저녁 어스름. 그때도 산수유는 노랗게 망울을 터뜨리며 산천을 환하게 물들였다.

—「산동 애가」 전문

삶의 속살을 꿰뚫는 천의무봉의 시편들

— 이시영 시집 『하동』 (창비)

끝없는 시적 변모 속에서 간명한 언어와 따스한 서정으로 삶의 의미와 시대의 진실을 노래하며 서정시의 전범을 보여주는 이시영 시인의 신작 시집 『하동』이 출간되었다. '결빙된 현실에 온기를 더하는 아주 오래된 노래들'에 깃든 자기성찰의 긴 여백 속에 큰 울림을 선사하였던 『호야네 말』 (창비 2014) 이후 3년 만에 펴내는 시인의 열네 번째 시집이다. 이번 시집에서 시인은 "인생과 자연의 '결정적 순간'을 침묵에 가까운 최소언어로 잡아내"며 "우주 안에 작동하는 '시'의 한순간을 드러내는"(염무웅 추천사) 명징한 시 세계를 선보인다. 짧은 서정 속에 긴 서사를 아우르며 "이야기의 크고 작음을 떠나서 모든 이야기를 존중의 눈으로 받드는"(최원식, 해설) 천의무봉의 단정한 시편들이 무한한 감동을 자아내며 가슴 깊이 와닿는다.

시인은 그동안 단시, 산문시, 인용시 등 다양한 형식 실험을 감행하면서 시적 형식면에서 독특한 시 세계를 선보였다. 이번 시집에서도 삶과 자연의 풍경에서 잡아챈 직관적 사유가 빛나는 가운데 대담한 생략과 비약이 도드라지는 단시가 단연 돋보인다.

각박한 도회의 삶에서 시인은 이따금씩 따뜻한 인정이 생동하던 고향 마을로 시선을 옮겨가 순정했던 그 시절의 애환을 돌아보면서, "쓰다 달다 통 말이 없"(「홍대 이센」)이 침묵의 삶을 건너온 이들에게 애틋한 연민의 눈길과 푸근한 위로의 손길을 건넨다.

지난 48년간의 시력을 거쳐오는 동안 시인은 끊임없는 시적 탐구와 갱신을 통해 서정시 본연의 정시를 견지하면서 시대의 진실을 진솔하게 드러내는 리얼리즘 시의 경지를 보여주며 한국 서정 시단에서 견고한 일가를 이루었다.

이 시 영 1949년 전남 구례 출생. 1969년 《중앙일보》 신춘문예에 시조가, 《월간문학》 신인작품공모에 시가 당선되어 등단. 시집으로 『만월』 『바람 속으로』 『길은 멀다 친구여』 『은빛 호각』 『바다 호수』 『아르갈의 향기』 『호야네 말』 등이 있음. 만해문학상, 백석문학상, 정지용문학상 등 수상. 현재 단국대 문예창작과 초빙교수.

이원

천 개가 넘는 전화번호를 저장한 휴대폰을 옆에 두고
벽과 나란히 잠드는 우리는
지구에서 고독하다

꼭 껴안을수록 뼈가 걸리는 당신을 가진
우리는 지구에서 고독하다
[……]
막힌 문을 향해 뛰어가는 비상구 속 초록 인간과 함께
우리는 지구에서 고독하다

시체를 뜯어 먹는 독수리들과 함께
높은 곳의 바람과 함께
다른 말을 하나로 알아듣는 이상한 경계와 함께
우리는 고독하다

흰 변기가 점령한 지구에서 우리는 고독하다
[……]
오로지 긴 귀가 머리 위로 솟아 있다
주파수 93.1MHz가 잡히는 지구는 고독하다

—「우리는 지구에서 고독하다」 부분

이 슬픔의 경계에서 더 멀리 가보기

— 이원 시집 『사랑은 탄생하라』 (문학과지성사)

시인 이원은 1992년 《세계의 문학》으로 등단한 이래, 그만의 유니크한 언어와 이미지로 현대 문명의 비인간화된 풍경, 그곳에서 낡아가는 삶과 실존적 방식을 날카롭게 해부하며 한국 현대시의 전위의 한 축을 담당해왔다. '전자 사막'이라는 적실한 표상을 길어냈을 뿐만 아니라 구원과 고통, 희망과 절망이 교차하는 이 세계를 부유하는 인간의 정체성에 대해 치열한 사유와 질문을 던져온 그가 다섯 번째 시집 『사랑은 탄생하라』 (문학과지성사, 2017)를 출간했다. 직전의 시집 『불가능한 종이의 역사』 (2012) 이후 5년 만이다.

'애플 스토어-밤낮-쇼룸-큐브-밤낮없이'라는 제목으로 이어지는 다섯 개 장에 시 61편을 묶은 이번 시집에서 이원은, 삶에 내재한 죽음과 고독의 심연을 외면없이 직시하되, 미완의 역동적인 에너지로 충만한 아이들의 천진함에 기대어 현실의 조건과 물질적 속성의 한계를 뛰어넘는 유연한 상상과 자립적 이미지를 그려내 보인다.

이번 시집의 곳곳에서 시적 자아는 '목적없이 걷기'를 통해 '나'와 '대상'을 벗어나는 순간의 사유를 반복적으로 시도한다. 시인은 일상에서 일상 너머로, 상식을 뛰어넘는 사선의 상상력으로 산책 중에 마주하는 대상에서 다른 존재로의 변화를 감지해내고 시각적이고도 신체적인 이미지를 다채롭게 끌어낸다. 늘 "딛고 선 자리에서 더 멀리 나아가려는 이원 시의 생래적 에너지"(박상수)가 바로 이것이다.

— 출판사 서평에서

이 원 1968년 화성 출생. 1992년 계간 《세계의 문학》으로 등단. 시집으로 『그들이 지구를 지배했을 때』 『야후!의 강물에 천 개의 달이 뜬다』 『세상에서 가장 가벼운 오토바이』 『불가능한 종이의 역사』가 있음. 현대시학작품상, 현대시작품상, 시작작품상, 시로여는세상작품상 등 수상.

이재무

너무 큰 슬픔

눈물은 때로 사람을 속일 수 있으나 슬픔은 누구도 속일 수 없다. 너무 큰 슬픔은 울지 않는다. 눈물은 눈과 입으로 울지만 슬픔은 어깨로 운다. 어깨는 슬픔의 제방. 슬픔으로 어깨가 무너지던 사람을 본 적이 있다.

—「너무 큰 슬픔」 전문

모든 것이 어우러진 교향악적 화음의 경지

— 이재무 시집 『슬픔은 어깨로 운다』 (천년의시작)

한국 서정시의 중심에 서서 일상의 경험적 진실성을 서정의 세계로 끌어올린 시인이라 평가받고 있는 이재무 시인의 11번째 시집 『슬픔은 어깨로 운다』가 시작시인선 232번으로 출간되었다.

그의 시는 어렵게 에둘러 가지 않고 담백하게 자신의 시세계를 독자들에게 보여준다는 데 큰 매력이 있다. 즉, 화려한 장식보다 소박하고 간결한 문장으로 삶의 진솔한 모습을 보여주면서 세계에 대한 근원적 이치를 꿰뚫는 통찰력을 보여주고 있는 것이다.

이번 시집 『슬픔은 어깨로 운다』를 염무웅 평론가는 이렇게 평하고 있다. "험한 세상 '비틀거리며' 삶의 진실을 찾아나간 상처의 궤적과 거기서 터득한 지혜가 있으며, 무엇보다 시의 가장 깊은 바탕에 한국인의 삶의 뿌리에 해당하는 흙의 감각이 살아 있다. 서민적 도시생활의 오랜 풍화작용에도 불구하고 그의 시의 매끈한 껍질을 벗겨내고 보면 바닥에서 발견되는 것은 굳건한 농촌정서인 것이다. 그러나 이제 이 시집은 그 모든 것이 어우러진 교향악적 화음의 경지를 향하고 있다."라고 평하고 있다.

그의 생활인이자 시인으로서의 간절한 기도인 이 시집에 우리가 다시 한 번 주목할 수밖에 없는 이유가 여기에 있다.

이재무 1958년 충남 부여 출생. 1983년 『삶의 문학』으로 등단. 시집으로 『섣달 그믐』 『온다던 사람 오지 않고』 『벌초』 『몸에 피는 꽃』 『위대한 식사』 『시간의 그물』 『푸른 고집』 『저녁 6시』 『경쾌한 유랑』 『슬픔에게 무릎을 꿇다』 등이 있음. 윤동주문학대상, 소월시문학상, 난고문학상, 편운문학상, 풀꽃문학상 등 수상. 현재 (주)천년의시작 대표이사.

장석남

소매 끝으로 나비를 날리며 걸어갔지
바위 살림에 귀화歸化를 청해보다 돌아왔지
답은 더디고
아래위 옷깃마다 묻은 초록은 무거워 쉬엄쉬엄 왔지
푸른 바위에 허기져 돌아왔지
답은 더디고

—「소풍」 전문

먼 고대를 살아가는 시인의 모습

— 장석남 시집 『꽃 밟을 일을 근심하다』 (창비)

섬세하고 따뜻한 감수성으로 전통 서정시의 맥을 이어온 장석남 시인의 신작 시집 『꽃 밟을 일을 근심하다』가 창비에서 출간되었다. 시인의 여덟 번째 시집이자, 2017년 '창비시선'을 마감하는 뜻깊은 시집이다. 2012년 김달진문학상 수상작 『고요는 도망가지 말아라』(문학동네 2012) 이후 5년 만에 펴내는 이번 시집에서 시인은 한층 깊어진 시선으로 "가장 근원적인 인간, 가장 인간적인 인간, 가장 아름다운 인간이란 어떤 모습일지"(신형철)를 다시금 생각해보게 하는 아늑한 서정의 세계를 펼쳐보인다. 간결한 언어와 정밀하게 짜인 이미지가 어우러져 서정시의 진수를 보여주는 정갈한 시편들이 고요한 떨림으로 다가온다.

시인은 1987년 《경향신문》 신춘문예로 등단한 이후 참신한 감각의 '신서정파'를 대표하는 시인으로서 시단과 평단의 꾸준한 주목을 받아왔다. 시력詩歷 30년, 김수영문학상, 현대문학상, 미당문학상, 김달진문학상 등 그간의 수상 경력에서도 알 수 있듯이 시인은 전통 서정에 바탕을 둔 고유한 개성을 발휘하며 조화와 균형의 미학적 성취가 눈부신 '장석남표 서정시'로서 일가를 이루었다. 그리고 오늘, 그에 값하는 또 한권의 영롱한 시집을 더하게 되었다. "삶이 덜 모순적이었으리라" 짐작되는 "말이 생기기 이전의 저 고대古代의 융융한 세계를 꿈꾸며"(시인의 말) 지금, 여기에서 "오래전부터 있어왔던/끝없는 소멸"(「여행의 메모」)를 그윽이 지켜보며 "먼 고대를 살아가는"(신형철) 시인의 모습이 아름답고 따스하다.

— 출판사 서평에서

장석남 1965년 인천 출생. 1987년 《경향신문》 신춘문예로 등단. 시집 『새떼들에게로의 망명』 『지금은 간신히 아무도 그립지 않을 무렵』 『젖은 눈』 『왼쪽 가슴 아래께에 온 통증』 『미소는, 어디로 가시려는가』 『뺨에 서쪽을 빛내다』 『고요는 도망가지 말아라』, 산문집 『물의 정거장』 『물 긷는 소리』 『시의 정거장』 등이 있음. 김수영문학상, 현대문학상, 미당문학상, 김달진문학상 등 수상.

장재선

“리즈 테일러와 나를 비교하지 말라.
나는 나다.”

명자明子라는 일본 이름으로 태어나
17세 때부터
대한민국 여배우 지미芝美로
살아 온 그녀가
나는 나다, 라고 말하는 순간

그녀를 모태로 세상에 나온
700편의 영화도
어느 하나 숨으려 하지 않고
환한 빛 속에
제각기 당당했다.

—「명자, 지미, 그리고 나-배우 김지미」 전문

대중문화와 순수문화의 경계를 가로지르는 새 시도!

— 장재선 시집 『시詩로 만난 별들』 (도서출판 작가)

우리 대중문화를 빛낸 인물들을 만나면서 느낀 그들의 희로애락을 시 형식에 담아낸 장재선의 『시詩로 만난 별들』이 도서출판 작가에서 출간되었다.

기자이자 시인으로 활동해 온 장재선이 이번에 펴낸 『시로 만난 별들』에는 한국 대중문화를 대표하는 인물 40명의 이야기가 총 40편의 시와 에세이로 담겨 있다. 3부로 나뉘어진 책은 1부에 일제 강점기에 태어난 황정순, 최은희, 패티김, 김지미, 최불암과 '해방둥이' 조영남, 이장호 등의 이야기를 담았다. 2부는 1950년대생 인물부터 1960년대생 스타들까지 포함한다. 조용필을 필두로 안성기, 최성수, 송강호, 엄정화 등과 함께 김윤진, 하지원, 수애 등이 등장한다. 3부는 1970년대 이후에 출생한 배우 전지현, 손예진, 김옥빈 등과 더불어 아이돌 가수 윤두준과 소녀시대 등의 스토리가 펼쳐진다.

대중문화 스타로 존재해 온 인물들의 이야기를 순수문화의 대표적 장르인 시 형식으로 담아낸 새로운 시도이기에 특별하고 의미가 깊다. 또한 각 인물들의 문화적 삶과 그 이면을 정리한 '프로필 에세이 profile essay'도 흥미로운 작업이다.

한때는 딴따라로 불리기도 했던 이들을 이른바 순수문화의 대명사인 시의 대상으로 삼았다는 것은 대중문화와 순수문화의 경계를 가로지르는 중요한 작업의 하나로 기억될 것이다. 정호승 시인은 추천사를 통해 "이 책을 읽으며 우리가 이 시대의 문화를 더불어 호흡하고 있다는 공감을 행복하게 나누기를 바란다"며 "내 옆에서 누군가 반짝일 때, 내 일상도 환해진다는 것을 느꼈으면 한다"고 말했다.

장 재 선 1966년 김제 출생. 소설과 시로 등단. 시집으로 『AM7이 만난 사랑의 시』 『시詩로 만난 별들』과 칼럼집 『영화로 보는 세상』 등이 있음. 현재 문화일보 문화부장.

정철훈

요즘 내가 좋아하는 것은
사물이 흐릿하게 윤곽만 보일 뿐인
멍 때리기라고 써본다
쓰면서도 멍 때리기를 한다

희미하게 어긋나버린 것들
어떤 이별은 그 끝이 잘 생각나지 않는다

가물가물한 그 이름
떠오르지 않아 새벽이 오고
끝내 모르겠다

한번 비켜갔는데
왜 포개져 있는지
끝내 모르겠다

—「후시後事」 전문

상실의 시간과 그 현재적 의미

— 정철훈 시집 『만주만리』 (실천문학사)

정철훈의 신작 시집 『만주만리』 (실천문학사)는 2014년 4월부터 2017년 4월까지 3년에 걸친 내적 탐사의 산물이다. 우연히도 이 기간은 세월호가 진도 앞바다 맹골수도 해저에 침몰되었다가 극적으로 인양된 시간과 일치된다. 그러나 과연 우연일까.

침몰과 인양이라는 이 상대적이고도 양극화된 두 단어의 아우라는 시인의 기억 속에 가라앉은 앙금으로서의 이미지, 혹은 아버지 세대라는 선대先代의 과거사 속에 매몰된 시간에 대한 발굴과 그 궤적을 같이 하고 있다.

그러니까 침몰과 인양 사이의 잃어버린 시간은 정철훈 시인에게 있어 역사의 매몰에서 발굴에 이르기까지의 또 다른 상실된 시간을 의미한다. 정철훈은 정밀하고 내밀한 탐사 정신을 바탕으로 한 시적 상상력으로 그 상실의 시간과 그 현재적 의미를 우리 삶의 지층에 불쑥 꺼내놓고 있다.

'만주만리'라는 시집 제목에서 짐작할 수 있듯 표제 시편은 시인의 백부와 백모의 자취가 남아 있는 중국 북만주(東北-둥베이) 지역에 대한 연작시 형식의 시적 탐사기이다.

유성호 평론가는 "정철훈 시편은 '시간 예술'로서의 속성을 강하게 구비하면서, 그 누구도 다 닿기 힘든 삶의 페이소스를 음미하게끔 해 준다. 이순을 앞에 둔 정철훈 시편의 개화"라고 말한다.

— 출판사 서평에서

정 철 훈 1959년 광주 출생. 1997년 《창작과비평》으로 등단. 시집 『살고 싶은 아침』 『내 졸음에도 사랑은 떠도느냐』 『개 같은 신념』 『뻬쩨르부르그로 가는 마지막 열차』 『빛나는 단도』 등이 있음.

천양희

웃음과 울음이 같은 音이란 걸 어둠과 빛이
다른 色이 아니란 걸 알고 난 뒤
내 音色이 달라졌다

빛이란 이따금 어둠을 지불해야 쐴 수 있다는 생각

웃음의 절정이 울음이란 걸 어둠의 맨 끝이
빛이란 걸 알고 난 뒤
내 독창이 달라졌다

웃음이란 이따금 울음을 지불해야 터질 수 있다는 생각

어둠 속에서도 빛나는 별처럼
나는 골똘해졌네

어둠이 얼마나 첩첩인지 빛이 얼마나
겹겹인지 웃음이 얼마나 겹겹인지 울음이
얼마나 첩첩인지 모든 그림자인지

—「생각이 달라졌다」 부분

서늘함으로 새봄을 부르는 삶의 역설

— 천양희 시집 『새벽에 생각하다』 (문지)

절실한 언어로 특유의 서정을 노래하며 문단과 독자 모두에게 큰 사랑을 받아온 시인 천양희의 새 시집 『새벽에 생각하다』가 출간되었다. 천양희는 현실적 절박성에서 비롯한 고통과 외로움이라는 화두를 절제된 시적 언어로 적어내며 고귀한 삶을 향한 간곡한 열망을 구체화해왔다.

일찍이 시인 김사인은 천양희의 시에 대해서 '여림'과 '낭만성' '소녀 감성' 등으로 해석하려는 시각을 경계하며 그의 시가 "온실의 화초나 마네킹으로 대변될 수 있을 아름다움과는 구별되는 혹독함을 담고" 있고 "그 혹독함을 그의 시어군들이 파열을 일으키지 않은 채 감당해내고 있는 것이야말로 천양희의 강인함의 또 다른 반영"이라고 평했다.

천양희 시는 중기로 접어들며 점차 삶과 사람과 자연을 잇는 깊은 통찰이 두드러지는 동시에, 시를 향한 굳은 의지가 강화되는 방향으로 진행되었다. 이번 시집에는 사물들이 서로 곁고틀며 함께 서는 자연의 이치를 발견 · 체화하며 이 동력으로 절망을 통과해 시로 나아가고자 노력해온 시인의 힘찬 여정을 담은 61편이 묶였다.

시인은 이 시집으로 "절망하고 부정하고 수긍하며 엎질러버리는 세월일지라도 피고 지는 꽃떨기로 난만한 봄은 어김없이 찾아"(김명인)온다는 말을 조심스럽고도 분명하게 전해온다.

— 출판사 서평에서

천 양 희 1942년 부산 출생. 1965년 《현대문학》으로 등단. 시집으로 『신이 우리에게 묻는다면』 『사람 그리운 도시』 『하루치의 희망』 『마음의 수수밭』 『오래된 골목』 『너무 많은 입』 『나는 가끔 우두커니가 된다』 등이 있음. 소월시문학상, 현대문학상, 대한민국문화예술상, 만해문학상 등 수상.

한인준

나도 모르게 나는 너에게 '어떤' 말을 하고 만다
'어떤' 말을 하고 나면 '어떤' 말만 하다가 집으로 돌아간다. 내가
하고 싶은 말은 이게 아닌데
우리는 입을 벌린다
입을 다문다
아무 말도 하지 않는다
무엇이 말하는 걸까
내 얼굴에는 언제나 '어떤' 입이 놓여 있다
입속에는 '어떤' 집이 놓여 있다
현관문을 돌린다
이곳으로 아무도 도착하지 않는다
식탁에 앉아 조용히 밥을 먹는다. 밥을 먹다가 또
무엇을 말했던 걸까
내 곁에 둘러앉은 '어떤' 침묵들
'어떤' 말로 하고 싶은 말을 대신하는 사람들이 있다

—「어떤 귀가」 부분

망가진 언어에서 의미를 건져낼 때까지

— 한인준 시집 『아름다운 그런데』 (창비)

2013년 《현대문학》 신인추천으로 등단하여 본격적인 작품 활동을 시작한 한인준 시인의 첫 시집 『아름다운 그런데』가 출간되었다. 등단 4년 만에 펴내는 이 시집에서 시인은 등단 당시 "언어운용과 발화가 자유롭고, 시를 포착하고 표현해내는 감각 또한 날카롭고 새로워 시적 완성도와 가능성이라는 두마리 토끼를 가뿐히 잡아냈다"는 심사평에 걸맞게 독자적이면서 개성을 뛰어넘는 시 세계를 선보인다. 형용사나 부사를 명사처럼 쓰고 명사를 동사의 자리에 버젓이 끼워 넣는 등 "우리말의 관절들을 마구 찢어발"기며 도무지 "말이 안되는 국어 농단을 자행"하면서도 "망가지고 부서진 언어들로 말이 되게끔 하는 고유의 참담한 미장센" 이 시를 읽는 재미와 색다른 경험을 맛보게 한다.

한인준의 시는 읽는 내내 신선한 언어 감각에 놀라게 된다. 거의 모든 시에서 행과 행 사이를 성큼 건너뛰고, 문장과 문장을 어긋나게 배치할 뿐 아니라, "아무도 몰래는 왜 자꾸와 함께"(「종언-없」)처럼 부사나 용언을 체언처럼 쓰다거나 문장 단위의 표현을 하나의 단어처럼 취급하는 일도 서슴지 않는다. 얼핏 말장난처럼 보이기도 하지만, 문법을 해체하고 그 틈을 들여다보려는 시인의 시도는 전혀 간단하지 않다. "왜 내가 울지 않는다. 너는 왜 운다"(「종언-않」), "저기로 가도 저기를 여기라고 부르고 말 거야"(「위로」)라는 시인의 발화를 단순히 말을 비트는 부조리한 말장난으로 취급해서는 곤란하다는 말이다.

시인은 이렇듯 나와 너의 관계에서 발생하는 감정의 조성을 먼저 생각하고, 그 생각을 통해 평범한 단어들이 비범한 의미를 얻게 되는 지점을 보여준다.

출판사 서평에서

한 인 준 1986년 서울 출생. 2013년 《현대문학》으로 등단. 시집으로 『아름다운 그런데』가 있음.

2018년 한국 시의 미학

참석자

– 유성호(문학평론가, 한양대 교수, 사회)

– 홍용희(문학평론가, 경희사이버대 교수)

– 함돈균(문학평론가, 시민행성 상임운영위원)

일시 : 2018년 2월 27일(화)

장소 : 도서출판 작가 사무실

사진 및 정리 : 작가 편집부

최근 시의 지형과 지향

유성호 : 안녕하세요? 오늘의 좌담은 지난 한 해 동안 펼쳐졌던 우리 시의 동향을 개괄적으로 점검하고, 또 많은 이들의 사랑을 받았던 대표 시집들을 큰 틀에서 검토함으로써, 지금 우리 시의 지향이랄까 좌표랄까 하는 것을 성찰하는 자리로 마련되었습니다. 우리 평단에서 가장 활발하고 역량 있는 현장 비평을 해오신 두 분 선생님을 이 자리에 모시게 되어 참으로 기쁘게 생각합니다. 먼저 이번 설문 결과를 놓고 볼 때 어떤 특성이 읽혀지시는 지 포괄적으로 이야기를 해주시는 것으로써 논의의 물꼬를 터보겠습니다. 이 점에 대해서는 가장 젊으신 함돈균 선생님께서 말씀해주시겠습니까?

함돈균 : 지난 한 해는 중진 세대와 신진 세대가 제각각 자기 길을 모색하면서 세대적 개성과 시대적 감수성에 맞는 시들을 발표한 시기였습니다. 주목할 점은 2017년이 시민의 촛불에 의해 정권이 바뀌는 시기였다는 것이지요. 그간 한국 사회를 옥죄고 있었고, 그에 따라 시대의 정치적 억압 속에서 한 시대를 증언하고 위로하던 역할을 해오던 문학, 특히 한국 시가 이에 따라 사색에 숨통을 틔우고 그 방식의 활력을 찾아가는 모습이 보이기도 했습니다. 더불어 몇 년간의 시대상을 담은 한 시대의 증언록 같은 시집들이 출간되기도 한 해였습니다.

중진 및 중견 시인들의 시세계

유성호 : 감사합니다. 함돈균 선생님께서는 문단 내외에서 매우

커다란 활력이 점증했다는 것과, 문학장 전체의 변동이 일어났다는 것을 짚어주신 것 같습니다. 시 분야에 한정하여 제가 말씀드린다면, 지난해에는 중견에서 원로를 포괄하는 층위에서 활달한 자기 성취가 있었다고 생각됩니다. 그러면 각 시집의 성취로 넘어가보겠습니다. '오늘의 시'에 선정된 시와 시집의 목록을 살펴보면, 중진 세대보다는 중견과 신진 시인들의 약진이 두드러진다는 것을 알 수 있습니다. 사실 중견과 신진 시인들의 시집이 예년보다 많이 추천되어 있어서 놀라기도 했습니다. 실제로 예년에 비해 주목할 만한 중견과 신진 시인의 시집이 상대적으로 많이 출간되었기 때문에 이런 결과가 나온 것 같기도 합니다. 하나씩 이야기해보지요.

유성호 : 먼저 제가 중진 시인으로 천양희, 이시영, 이재무 시집에 대해 말씀드려보겠습니다. 천양희 시집 『새벽에 생각하다』는, 그의 명편 『마음의 수수밭』 이래 지속되어온 "다시 써야 할 생"이라는 테마를 심미적으로 다시 한 번 개척해낸 드문 성취라고 할 수 있습니다. 시를 통해 실존적 조건과 시의 미학적 메타성을 줄곧 사유해온 시인은, 생의 상처나 절망과 싸우면서도 이제는 그러한 것들을

천양희

넘어 수행해온 길 찾기가 어느 정도 완미한 차원으로 접어들었다는 지표를 은은하게 보여줍니다. 그 점에서, 운명과도 같은 가혹한 삶의 고통을 잔잔하게 치유하고 극복해내는 천양희의 시어는 한국 시단에서 가히 독보적이라 할 만한 내성耐性과 심미성을 동시에 갖추고 있습니다. 개별 시편 어느 것을 인용해도 좋을 균질성과 지속성은 우리 시단에서 천양희 선생을 중요하고도 재형 불가능한 사건으로 만들어주는 중요한 힘이라고 할 수 있겠습니다. 포옹과 긍정에 들어서는 시인의 품과 격이 조화롭게 결속한 절창들이 그 안에 들어 있기 때문입니다. "어둠 속에서도 빛나는 별처럼/나는 골똘해졌네"(「생각이 달라졌다」)라고 노래하면서 시인이 다다른 시의 경지는 빛의 눈부심과 깊이로 다가옵니다. "피고 지는 꽃떨기로 난만한 봄"(김명인)을 그의 시에서 간취한 어느 시인의 견해는 그 점에서 이 시집을 돌올한 밝기로 비추고 있습니다.

이시영

이시영 시집 『하동』은, 제가 일전에 리뷰를 한 적도 있지만, 이시영의 대표 시집이라고 할 만한 진중함과 선명함을 동시에 보여주는 성취입니다. 이번 시집은 이시영 미학의 극점으로서, 시간의 풍화 속에서 사라져간 존재자들의 간절하게 글썽이는 삶을 세심하게 복원해갑니다. 순간에서 역사를 보고, 도회 한복판에서 고향을 떠올리고, 생애의 소실점에서 '지금 여기'의 삶에 충격과 위안을 동시에 건넵니다. 이처럼 이시영은 시집 곳곳에서 타자들의 외따로운 이야기를 풀어가는데, 가령 시인은 "세상에서 가장 작고 낮은 그 소리"(「보길도」)를 경청하고 "외진 곳에서도 이어지는 누군가의 필생"(「그네」)을 증언합니다. 그렇지만 "세상과 등을 지고 나와 대면하리라."(「귀

래사」)라든지 "내 영혼도 한때는 저렇듯 푸르고 깊었다는 것"(「하늘을 보다」)에서 보듯이, 그는 서정시가 여전히 스스로를 향하는 자기 탐색의 여정임을 또한 보여줍니다. 이번 시집은 민중 서사라는 굵은 획을 버리지 않으면서도, 그 안에 언어적 섬광이 흩뿌리는 함축의 순간을 잊지 않는 이시영 특유의 예술적 의장으로 빛나고 있습니다.

이재무

이재무 시집 『슬픔은 어깨로 온다』는 이전 시집과 함께 슬픔을 삶의 불가피한 존재조건으로 노래하고 있습니다. 이재무의 발생론이자 궁극적 귀속처로서의 순수한 시선은, 일종의 공동체적 기억을 매개하면서 압축과 고요의 서정성을 지켜오게 하였습니다. 이처럼 이재무의 시학은 더욱 농밀해진 묘사와 경험적 세부의 재현 과정을 통해 슬픔을 통한 삶의 형식과 함께 어느새 슬픔을 넘어선 타자로의 확산 과정을 가열하게 보여줍니다. 그의 최근 두 권의 시집이 모두 '슬픔'을 긍정하고 받아들이는 제목을 취한 것은, 그 점에서 결코 우연이 아닐 것입니다. 특별히 이 시집에 실린「걸어다니는 호수」는 이재무의 시선이 호수를 그득히 담은 '소의 눈'을 향한 결과입니다. 시인은 '소'를 일러 '걸어다니는 호수'라고 명명하는데, 이때 "소의 커다란 눈"은 눈물이 고인 호수 같기도 하고, 느리게 걸어다니는 호수 같기도 합니다. 그 '눈'은 앞산과 구름을 호수에 잠기게도 하고, 더러는 산이 눈을 빠져나오고 구름이 빠져나오게도 합니다. 그래서 '소의 눈'은 이미 작은 우주이자 마법의 자연으로 몸을 바꿉니다. 이처럼 이재무의 관찰과 묘사 과정은 정확하고 또한 풍요로운 변형 과정을 품고 있습니다. 다음으로 홍용희 선생님께서 장석남, 정철훈 시인의 시집들에 대해 이야기해주시겠습니까?

장석남

홍용희 : 장석남 시집 『꽃 밟을 일을 근심하다』는 제목부터 예사롭지 않습니다. 꽃잎이 양탄자처럼 펼쳐진 봄날을 걷는 아름다움과 그 꽃을 발로 밟을 수밖에 없는 것에 대한 근심입니다. 이보다 더 찬연하고 아름다운 근심이 있을까요? 실제로 장석남의 이번 시집을 읽으면 어느새 몸과 마음이 "꽃", "빗소리", "바람", "햇빛" 등과 어울려 놀게 됩니다. 자연의 생래와 리듬으로 순화되고 동화되어가는 것이지요. 나의 "바람 족속이었고/대와 그릇과 일가"(「바람과 대와 빛과 그릇」)였던 본성이 깨어나 신장되는 과정이라고 할까요? 특히 장석남은 스스로 자신의 "비문碑文"에 대해 "가장 단단한 돌을 골라 나를 새기"고 "꽃 흔한 철을 골라 꽃을 문질러 새기"고 "갈잎 소리 나는 말"(「불멸」)이 울려나오도록 하겠다고 작정을 한 사람입니다. 자연에 대한 향수의 차원이 아니라 자연과 한 몸이 되고자 하는 경지입니다. 그래서 이런 시편이 씌어지기도 하지요. "어느덧 햇빛 한 자락 다가왔지/나는 그것도 모르고 책을 뒤적이고 있었지/한데 어느덧 햇빛 한 자락이 문득/내 발가락 하나를 물더군/(…)/햇빛은 계속해서/내 발을 먹었지 발목까지 먹었지/(…)/내 한쪽 발을 햇빛으로 바뀌었거든"(「어느 겨울날 오후에 내 발은」) "한쪽 발이" 아예 "햇빛"에 먹히어서 "햇빛으로 바"뀌었다는 것입니다. 이처럼 자연과 한 몸이 된 삶의 일상은 어떤 것일까요? "우리는 천상 돛을 하나 가져야겠기에/시지 않고 사랑을 하여/파란 돛을 얻는다"(「파란 돛」) 같은 진술이 나옵니다. 바다가 출렁거려 파란 파도를 얻듯, 사랑을 하여 파란 돛을 얻는다고 합니다. 바다의 삶을 살아 바다가 이루는 일을 얻기도 하는 것이지요. 이러한 그의 시적 삶은 앞으로 자연의 비의에 대한 체험적 노래를 들려줄 수도 있을 것 같습니다. 장석남

의 시세계에 대해 또 하나 꼭 지적하고 싶은 것은 시적 발성, 몸짓, 장단이 자연의 풍수를 닮아가고 있다는 것입니다. 그래서 그의 화법과 리듬의 성정과 표정이 순연하고 유려하고 한적합니다. 그래서 그의 "꽃 밟을 일을 근심하다"에는 근심하는 진정성이 전해지기까지 합니다. 참으로 신묘한 경지입니다.

정철훈

정철훈 시집 『만주만리』의 창작 주체는 만주에 스며 있는 애틋한 가족사적 내력입니다. 지금까지 시, 소설, 평전 등 전방위적 역량을 보여온 그의 문학세계의 중심은 가족사였습니다. 그의 가족사는 "평양–알마티–서울"에서 만주를 잇는 그야말로 "인터내셔널 패밀리"의 디아스포라적 특성을 지닙니다. 그의 첫째 큰아버지는 월북하여 조선프롤레타리아영화동맹 서기장을 지낸 영화감독 정준채이고 둘째 큰아버지는 월북 이후 모스크바 차이콥스키 음악원 출신의 유학생이었다가 카자흐스탄에서 작곡가로 활동한 정추이고 친아버지는 서울에서 활동한 동요 작곡가 정근이지요. 가족사가 그 자체로 우리 현대사의 굴곡을 드라마틱하게 집약시킨 축도입니다. "분단과 단절이 넘치"는, 그 "과잉과 잉여"로 "몸서리"(「심오한 허공」)칠 수밖에 없는 삶이 그의 문학의 근원이고 터전입니다. 실제로 그의 소설 『소설 알렉산드라』, 『카인의 정원』, 시집 『빼쩨르부르그로 가는 마지막 열차』 등은 이와 같이 "남북으로 흩어진 가족들의 한숨"의 내력이 집중적으로 드러나지요. 이번 시집 『만주만리』는 둘째 큰아버지의 유품 속에서 발견되었던, 첫째 큰아버지의 편지에 나온 백모에 관한 언급을, 단서로 삼아 떠난 만주 여정입니다. 만주 대성촌에서 백모 임옥순을 기억하는 할머니를 실제로 만나지요. 그리고 백모가 살았던 이엉 집터를 가보게 됩니다. 시보다 더 시적인 생의 순간들이지요. 그래서 그의 시편들은 시적 수사보다 사실적 기록에 더욱 치중하게 됩니다. 역사적 사실이 시를 압도하는 형국이라고 할까요. 「머나먼 헤이타이」, 「미산행 객차」, 「대성촌 노큰마니」, 「두께에 기대어」 등의 작품은 산문적 서술로 전개되고 있으면서도 시적 긴장과 흥미를 배가시키고 있지요. 물론 그의 "인터내셔널 패밀리"의 디아스포라는 과거형만은 아닙니다. 현재형이고 미래형이기도 하지요. "모스크바에 사는 사촌 여동생" "나타샤", "그 빨강 머리에서 텐산의 목동이 부르는 저녁 휘파람보다/더 애처로운 노래"(「빨강 머리 나타샤의 노래」)가 들려오기도 합니다. 이처럼 민족적 삶의 과거와 미래로 열려 있는 정철훈의 가족사는 곧 우리 시의 과거와 미래의 새로운 지평이기도 한 셈이지요. 이 점에서 정철훈의 시적 삶은 새삼 더욱 중요한 의미를 지닌다고 할 것입니다.

유성호 : 다음으로 함돈균 선생님께서는 서정학과 이원의 시집에 대해 이야기해주시지요.

함돈균 : 서정학의 『동네에서 제일 싼 프랑스』는 1995년 등단한 시인의 두 번째 시집입니다. 전작 시집 이후 무려 19년 만에 출간된 시집입니다. 놀라운 것은 19년 전이나 지금이나 그 어떤 시집보다 파격적이고 낯선 화법으로 가득하다는 사실입니다. 시들은 대체로 일상의 풍경들을 서사적 에피소드로 구성하고 있는데, 시각의 독특함이 유머와 결부되어 서정학다운 시집을 탄생시켰습니다. 이 탄생의 결과가 '부조리'입니다. 이 시집은 표면적으로 '웃음'을 드라마화하지만, 자세히 살펴보면 이 드라마는 주인공들의 소통 단절이 빚어내는 비

서정학

극적 성격을 띱니다. 그 내용을 그 내용답게 형식적으로 표현하기 때문에 이 시집은 독자들에게는 어리둥절하고 낯선 화법으로 느껴지지요. 이번 시집을 통해 예술가의 운명, 좁게는 시인의 운명을 시치미 떼고 패러디한 것처럼 해석되기도 합니다. 개인적으로는 평론가인 저를 어리둥절하게 하면서도 장난스럽게 웃게 하는 유머러스한 시집이 최근에 드물었는데, 이 시집은 그 점에서도 제게는 매우 반가웠습니다.

이원의 『사랑은 탄생하라』는 말랑한 제목과는 달리 기도하는 자로서 한 시대를 살았던 시인의 비명과 묵상이 깃든 절박한 증언록 같은 시집입니다. '불타버린 정원'이자 '검은 모래'로서 '사월'의 끔찍한 기억은 시인의 정신 안팎에서 벗어날 수 없는 현실로 공동묘지가 되어 도처에 산재해 있습니다. 시인은 특히 세월호 사건 같은 시대의 비극을 외부 사건으로서 관찰하는 자가 아니라, 자기 몸으로 겪고 사는 이로서 제사지내주는 존재로 나타납니다. 의식과 무의식을 지배해버린 타자의 고통과 죽음이 이 시집을 관통하고 있는데, 주관과 객관이 구별되지 않는 이원의 독특한 화법으로 인해 시집은 리얼리즘의 작법과는 다른 형태로 한 시대를 증언하고 있습니다. 그러나 이 증언은 역설적인 의미에서 새 시대의 예감이기도 합니다. 증언한다는 것은 이런 고통은 되풀이되어서는 안 된다는, 그러므로 우리는 희생의 기억을 통해 어떻게든 재생의 삶을 일구어나가야 한다는 간구이기 때문입니다. '사랑은 탄생하라'는 제목의 명령어는 억압의 시대에 던진 간절한 문학적 주문인데, 이는 지난 얼마간 우리 시대가 겪어온 극심한 정치적 질곡 속에서 솟아난 가장 뜨겁고 아름답고 슬픈 정치적 프로파간다 중 하나라고 평가하고 싶습니다.

중견에 접어드는 시인들의 시세계

유성호 : 이제는 한국 시의 허리 부분이라고 할 수 있는 시인들로 가볼까요? 이분들의 성취는 한국 시의 자산을 예감케 한다는 점에서 중요하지 않을까 생각해봅니다. 먼저 홍용희 선생님께서 김병호, 송종찬, 박성우의 시집에 대해 의견을 말씀해주시지요.

김병호

홍용희 : 김병호 시집 『백핸드 발리』의 시적 정조는 고요하고 온유하고 애잔합니다. 마치 겨울의 차가운 들판을 뒤덮는 흰 눈의 살결 같다고나 할까요. 실제로 이번 그의 시집에는 눈의 이미지가 빈번하게 등장합니다. 그런데 그의 시편에서 눈은 환하고 온화하고 아름답지만은 않습니다. "다 녹고 나면/다시 이름 없는 별로/떠내려갈 것"(「눈 녹는 밤에」) 같은 성정의 눈입니다. 눈이 만남과 이별의 이미지를 동시에 머금고 있는 것이지요. 그래서 눈이 오는 모습이 "해 질 녘에 다녀간 사슴"(「첫눈」)처럼 애틋합니다. 물론 눈이 녹는 모습에는 깊은 슬픔이 더욱 직접적으로 선명하게 드러납니다. 이를테면, "언젠가 내가 접어 두었던 울음소리/사이로 타이르듯, 토닥토닥/눈이 녹고 있습니다"라거나 "응달의 눈자리처럼/둘레만 가진 슬픔"(「숨을 곳도 없이」)의 모습을 하고 있지요. 이처럼 이별하는 만남, 소멸하는 생성, 슬픈 환희 등과 같은 역설적 공존의 인식론은 물론 굳이 "눈"이 아닌 물상이어도 동일하게 변주됩니다. 가령 "꽃"의 경우에도 "가지마다 낱낱의 불꽃을 매달고 서 있는/유순한 아픔"(「참 다른 일」)이고 "돌아보니, 장님 부부는 보이지 않고/꽃나무에서 달콤한 탄내가 난다"(「아무의 동백」)고 묘사하고 있습니다. 이를테면,

“발끝은 차갑고 이마는 뜨거워지는/낯선 연대”(「아무의 식당」)의 상황인 것이지요. 어떤 사물이든 그의 시세계의 일원이 되면 “잠시 슬펐다가 외롭다가 다시, 고요해지는”(「아무의 모과」) 성정이 됩니다. 어째서 그럴까요? 이에 대해 김병호는 분명하게 대답하지 않습니다. “백핸드 발리처럼” 떠났던 “이별”의 기억이나 “아무한테도 말하지 못하고 화분의 흙처럼 말라”(「봄의 먼 곳」)가던 창백한 사랑의 기억이 시적 삶의 우물처럼 작동하고 있는지 모릅니다. 그러나 이것이 물론 다는 아니겠지요. 세상의 모든 존재가 죽음을 사는 삶이고 소멸을 사는 생성의 숙명을 지니기 때문이지요. 이렇게 보면, 그의 시편들은 시간의 지배를 받는 모든 세상사의 존재론을 노래하고 있다고도 할 수 있겠네요. 새삼 이 대목에서 저는 이성복 시인의 시론 중에 “때로 우리는 구체적인 것들이 훨씬 더 추상적이라는 사실을 알게 된다.”던 전언이 떠오르는군요. 추상적이고 일반적인 사실을 노래하고자 할수록 좀 더 구체적일 필요가 있다는 것이지요. 김병호의 시세계에 조심스럽게 주문하고 싶은 말입니다.

송종찬

송종찬의 『첫눈은 혁명처럼』은 신디아스포라 문학 혹은 지구시민 문학이라고 지칭해볼 수 있을 것 같습니다. 우리의 한민족 디아스포라 문학이 대체로 일제 강점기에 유랑민이 되어 해외로 떠돌거나 망명을 했던 시대적 상황에서 비롯되었다면 오늘날은 우리 기업의 해외 지사나 해외 유학 생활에서 겪게 되는 이방인의 정서가 전면에 떠오르고 있습니다. 송종찬의 이번 시집은 러시아, 중국 등의 북방 체험이 바탕을 이룹니다. 이산의 정서라기보다는 이국의 정서가 주조를 이루는 것이지요. 그러나 여행자의 그것과는 다릅니다. 한시적이나마 고국과 떨어져 있는 생활터전에서의 감회와 정서인 것이지요. 러시아에서 그의 시선에 가장 강렬하게 마주친 것은 “혁명”, “눈”, “추위”, “백야” 등입니다. 백야 아래에서 그는 다음과 같이 쓰고 있습니다. “해가 지지 않았는데 달은 떠오르고/북국에서는 밤도 사무쳐온다//(…)//천지창조 같은, 눈이 멀도록/그대를 생각한다는 것”.(「백야」) 백야의 낯섦이나 이질감의 간격만큼이나 “그대를 생각”하는 회억이 강렬해집니다. 시적 상상의 거점이 이국과 고국의 점이지대입니다. 이국적 풍경이 고국의 회억을 더욱 증폭시키고 있는 것이지요. 추위에 대해서는 이렇게 기록하고 있습니다. “창밖은 영화 28도/누구에게나 유형의 시베리아 길 같은/씻지 못할 죄는 있을 것이다”(「태양의 기억」) 추위를 사는 자의 그것이라기보다는 추위를 바라보고 감상하는 자, 추위에서 퍼뜩 삶에 대해 각성하는 자의 모습입니다. 단순한 여행 문학도 아니고 이민 문학도 아닌 지점에서의 이국적 소재주의입니다. 이러한 점은 「독작」, 「대륙의 밀실에서」, 「타이가」 등에서도 확인되고 있습니다. 송종찬은 디아스포라의 고국과의 숙명적 격절감과는 다른 앞으로 본격화될 지구화 시대에 대응하는 신디아스포라의 문학을 선도하고 있는 셈입니다.

박성우의 『웃는 연습』은 그야말로 웃는 연습을 마음껏 할 수 있는 시집입니다. 고향 정읍의 순박하고 정겨운 농촌 삶을 특유의 재치, 익살, 유머로 그려내고 있습니다. 그래서 사소한 일상사도 어느새 여유롭고 따뜻한 웃음을 자아내게 합니다. 물론, 우리 시사에서 농경적 상상력이 결코 낯선 것은 아니지요. 그러나 대체로 가난과 상대적 박탈감에 집중하거나 목가적 향수나 자연에 대한 경이가 주조를 이루어 왔습니다만, 박성우처럼 사람 냄새 나는 이웃 풍경과 풍속이 주조를 이룬 경우는 많지 않지요. 박성우의 시적 감각과 감성은 천진하고 평명합니다. 그래서 그의 시선에 마주친 농촌 풍경은 밝고 순정하고 흥미롭습니다. 이를테면, "일반슈퍼는 여타 일반적인 슈퍼와는 달리/밖에 서서 손님을 기다리는 종업원을 두고 있다//(…)//이 버즘나무 종업원은 나이가 좀 들긴 했어도"(「일반슈퍼 일반 여름」)라는 묘사가 있습니다. 일반적이지 않은 "일반슈퍼"라는 간판부터 슈퍼 앞에서 "버즘나무"가 "깍듯한 자세를/여름 내내 시원시원 취하"며 종업원 역할을 한다는 천연덕스러운 표현이 유쾌한 웃음을 자아내게 하지요. 농사 체험에 대해서도 이런 대목이 있습니다. "고라니가 찾아와/콩 순을 따 먹은 게 아니라 밤마다/콩 순지르기를 하고 간 거라고, 끄먹끄먹//밀린 품삯을 내놓으라 하면 나는/콩을 몇됫박이나 퍼주어야 하나?"(「콩」) 고라니가 따 먹은 콩 순을 "콩 순지르기를 하고 간 거라고" 둘러대는 대책 없는 낙천성과 그 "품삯" 생각을 하는 익살이 흥미롭습니다. 특히 여기에다가 "핫따매 벨 것도 아닌디 머덜라고 이런디야, 몇해 전 늦봄에 소로 쟁기질 할 때 내가 식혜 캔 음료를 사다 준게 고마워서 예초기로 풀을 쳐주었단다"(「금수양반」)와 같은, 남도 사투리와 속 깊은 인정이 더해지면, 그의 농촌은 우리 모두의 이상적인 마음의 고향으로 떠오릅니다. 바로 이 이상적이라는 지점에 박성우 시의 가능성과 한계가 동시에 내재한다고 할 것입니다. 과연 이것이 농촌 삶의 리얼리티인가 하는 것이지요. 정겨운 농촌 풍경의 드러난 모습뿐만이 아니라 이면의 그늘까지 끌어안는 시적 묘사가 요구된다는 것이지요. 이때, "웃는 연습"은 재치, 익살, 유머의 차원을 넘어 남도 판소리 가락에서 느끼는 심원한 해학과 풍자의 미의식에까지 도달할 수 있지 않을까 생각됩니다.

유성호 : 다음으로 함돈균 선생님께서는 심보선과 신용목의 시 세계를 개관해주시지요.

함돈균 : 심보선의 『오늘은 잘 모르겠어』는 최근 '김종삼시문학상'을 수상한 시집입니다. 이번 시집에는 작가의 야심이 느껴집니다. 전통적 운문 같은 시가 있는가 하면, 산문, 신문기사, 서간문 같은 형식을 빌린 시도 있지요. 실천적인 사회학자로서 다양한 사회활동을 하듯이, 시에 관해서도 다양한 실험성과 개방성을 지닌 심보선의 성격이 잘 드러난 시집입니다. 심보선표 우수와 낭만적인 사랑의 감각, 사회학자다운 예민함 사회적이 복합적으로 결합된 인상적인 시집입니다. 그의 시집에는 늘 독자를 사로잡을 만한 감수성이 가득한데, 이번 시집도 매력적이어서 확실한 독자군을 확보할 것으로 보입니다. 그의 시는 어렵지 않고 부드러운 감수성을 지니고 있지만, 토론해 볼만한 문제의식이 결합되어 있기도 해서 세대적으로도 젠더적으로도 폭넓은 감수성의 공유가 가능한 것 같습니다.

신용목은 이제는 한국 시에서 자기 방식의 언어를 갖게 된 특별한 시인이 되었습니다. 전작 시집들에서 보여주었던 놀라운 감수성은 그 다음 시집으로 갈 때마다 더 깊어지는 것을 확인하게 합니다. 『누군가가 누군가를 부르면 내가 돌아보았다』 역시 진화하는 신용목을 보여주는 시집입니다. '질문의 시집'이라고 불러도 좋을 만큼 진술들은 높은 지적 긴장감을 형성하고 있는데, 한편으로는 그와는 다른 부류에 서 있던 선배 이장욱의 새로운 버전이 출현한 것 아닌가

하는 생각이 들기까지 했습니다. 그 덕분에 그리움, 연민, 고독 같은 서정시의 전통적 테마 정서를 다루면서도 전형적인 서정시와는 다른 시집이 발명된 것 같습니다. 정서를 얘기할 때 이 시집은 정서를 표시하는 추상어를 직접 발설하는 것이 아니라, 그것을 둘러싼 여러 겹의 층위를 조직하고 서사를 구성하는 능력을 탁월하게 보여 줍니다. 그를 통해 이 시대의 삶과 개인의 정서는 새롭고 낯설게 발견됩니다.

신진 시인들의 시세계

유성호 : 지난해에 나온 시집 가운데 저는 장재선 시집『시로 만난 별들』이 이채롭다고 생각하여 주목했습니다. 장재선은 일상적 사물과 자신의 삶을 사랑과 반성의 시선으로 통합하여 성찰하는 서정성을 줄곧 보여온 시인입니다. 커다란 정치 이념이나 질서에 귀속되지 않는 다양하고도 구체적인 일상 체험들을 삶의 보편적 이법으로 확산하여 형상화하는 것은 장재선의 고유한 시적 브랜드라고 할 수 있을 것입니다. 그가 화려한 비평적 조망이나 대중적 인지도를 확보한 것은 아니지만, 우리는 이제 낱낱의 사물들이 품고 있는 시적 비의秘義를 발견하고 형상화하는 그의 시적 태도와 역량에 흔들리지 않는 신뢰를 보낼 수 있을 것입니다. 이번 시집은 김지미, 조용필, 안성기, 소녀시대 등 대중문화 스타들의 이야기를 '시'와 '에세이'로 담아낸 이색적 결실입니다. 우리 대중문화를 빛낸 인물들을 만나면서 느낀 희로애락을 시에 담아낸 건데요. 도서출판 작가에서

장재선

출간되어 우리의 이목을 끌었습니다. 기자이자 시인으로 활동해온 장재선은 스타들의 이야기를 시로 담아내면서 동시에 각 인물들의 문화적 삶과 그 이면을 정리한 'profile essay'도 보여줍니다. 시인은 "독자들이 각 세대별로 친숙한 스타들을 통해 동시대를 함께 살아온 공감을 나누기를 바란다."라고 했는데, 이러한 노력이 단단한 미학적 결실로 나타난 것입니다. 이어서 함돈균 선생님께서 신진 가운데 서효인과 안웅선의 시집에 대하여, 홍용희 선생님께서는 김학중과 한인준의 시집에 대하여 이야기해주세요.

함돈균 : 서효인은 2017년 시집 『여수』로 상의 관행과는 다르게 상대적으로 매우 이른 나이에 대산문학상을 받는 기염을 토했지요. 문학상 수여 관행에 새로운 선례를 만들었습니다. 시집에는 여수는 물론이고 강릉, 인천, 파주, 이태원, 금남로, 목포 등 여러 도시들이 등장합니다. 장소를 콘셉트의 일부로 염두에 두고 묶은 시집이라고 할 수 있습니다. 도시는 공동체의 기억으로 환기되기도 하고, 개인의 채취로 기억되기도 하며, 풍경의 이미지로 환기되기도 합니다. 이 시집은 그러니까 역사도 있고, 연애도 있고, 여행도 있고, 생활도 있고 죽음도 있으며, 나도 있고 타자도 있고, 작가도 있으며 독자도 거주하는 복합적 장소의 역할을 합니다. 휘발되는 듯 예민한 청춘의 감수성이 역사의 기억과 만나면서, 가볍지도 무겁지도 않은 흥미로운 시집이 탄생했습니다. 다양한 장소의 경로만큼이나 앞으로의 행보가 궁금해집니다.

안웅선의 『탐험과 소년과 계절의 서』는 2010년 『세계의 문학』으로 등단한 이후 낸 시인의 첫 시집입

니다. 시간이 흘러나온 공력이 느껴지는 시집입니다. 첫 시집이 지닌 성장소설적인 특성은 '탐험' '소년' '계절'이라는 시집 제목을 통해서도 알 수 있지요. 시집이지만 서사적 특성이 도드라지게 나타나는 이 시집은 소년의 탐험이 지닌 고달픔을 세상에 대한 메타포이자 시인이라는 존재의 비유로 보는 듯합니다. 안웅선의 시적 서사는 생활의 구체성도 아니고 역사의 전면화도 아니며, 진술의 주관성도 아니고, 이미지의 전면화에도 의존하지 않는 독특한 방식을 취하고 있다는 점이 흥미롭습니다. 유쾌한 소년의 분발을 촉구하지만 구원 없는 세계에 대한 비관주의도 깔려 있는 이 시집을 읽으면서, 그 다음 행보가 특히 궁금해지는 시인이 제게는 안웅선이었습니다.

홍용희 : 김학중의『창세』는 신예의 첫 시집으로는 보기 드문 큰 시적 호흡과 스케일을 보여주고 있습니다. 사유의 부피와 언어의 내밀한 결을 타고 넘는 기예 또한 난숙한 경지입니다. 시집 제목이며 연작으로 등장하는 "창세"는 성경의 창세기에 상상력의 젖줄을 대고 있습니다. "태초에 말씀이 있었다."는 명제가 있지요. 물질이 있기 전 하나님은 말씀의 계시로 드러내 보여주었다는 것이지요. 새삼 이런 생각을 해 봅니다. 시인의 언어와의 자기 고투는 태초의 하나님의 말씀을 재현하기 위한 과정이 아닐까? 물론 그것은 인간 세상을 지배하는 일상의 언어가 태초의 신의 말씀과는 서로 어긋난 길을 가고 있기 때문이겠지요. 마침 김학중의 창세기 연작에는 이러한 의문의 실마리를 흥미롭게 드러내고 있습니다. "태초에 말씀이 있었다/말씀의 나라 말씀이/문자와 서로 달라서/신을 신이라 쓰지 못하

고/그 뜻을 능히 펼치지 못하고/사람들 사이에서 사그라졌다/말씀의 메아리를 들은 사람이 있었다/(…)/닮은꼴로 글자를 만드는 능력은/늘 다른 세계를 바라보려는 인간의 것이었다/그것을 후에 바벨의 사건이라 불렀다"(「창세기 9」) 구약의 창세기, 바벨탑 설화 그리고 훈민정음의 서문을 서로 절묘하게 융섭하는 연금술이 흥미롭습니다. 인간이 태초의 말을 추구하지 않고 자기만의 "바벨의 사건"을 추진했다는 것입니다. 이를 좀 다르게 표현하면, "인간이 마을을 만들고 신전을 세운 시대/마을에서 신은 아직 살아 숨 쉬는 것이었으나/그 신은 인간을 창조한 신은 아니었다"(「창세기11-법인의 탄생」)는 것이지요. 인간의 역사가 신의 역사를 거역하면서 세상에는 환란이 그치질 않습니다. "법인이 인간을 지배하"고 "아스팔트 도로"는 "은밀한 포식을 즐기고 있"고 강은 "살의를 가진 짐승처럼 노려"봅니다. 다만 「우주의 숲」이나 「동전 분수대」처럼 신이 교호하는 성소들만이 "어둠을 안으며" 자라거나 "행성처럼 빛을"내며 반짝입니다. 이렇게 보면, 김학중의 시 세계는 "희미한 물빛이 밤하늘로 솟아"오르듯, 태초의 말씀과 인간의 말씀의 연속성을 찾는 탐색의 과정이라고 할 수 있을 듯합니다. 그의 시 세계가 표나게 깊고 넓고 높았던 배경 역시 이와 같이 성속의 세계를 포괄하고 교호하는 속성 때문이라고 할 수 있겠군요.

한인준 시집 『아름다운 그런데』는 한편의 부조리극을 보는 듯합니다. 부조리극은 초현실주의 등의 수법을 빌어 부조리를 재현하고 그 구체적 이미지를 부여하는 방법론이 특징입니다. 한인준은 화자에 의해 이루어지는 발화 행위의 해체, 즉 화용론적 해체를 통해 현대인의 삶의 절망, 혼동, 불안, 소외를 극적으로 환기시키고 있습니다.

한인준

실제로 그의 시편은 통사 구문의 와해, 품사나 단어의 의도적 오용 등을 태연하게 구사하고 있습니다. 이를테면, "세상에는 많은 사람들이 있어 당신은 혼자 얼마나를 하는지 억지로와 내리는 폭설 속에서 차가워를 나눠가지는 너와 나는 이제 동떨어지고 얼어붙은 한 손은 왜 쓸어담을 수 없는 것인지"(「종언 : 있」) 등과 같이 실어증을 앓는 듯한 목소리입니다. 비문과 오문이 수시로 등장하고 있습니다. 다만, 차가운 폭설이 내리는 날, 손을 놓고 떠나는 이별의 아픈 기억이 실어증의 언술을 빌려 개진되고 있는 것으로 유추됩니다. 그에게 시적 의미는 지시하고 설명하는 문법 구조를 이탈한 자리에서 제대로 생성된다고 믿는 것으로 보입니다. 특히 그의 시편은 극적 설정으로 자주 등장합니다. 부조리극의 시적 현실을 부조리극의 양식으로 드러내고 있는 것이지요. 마침, 극의 전개 양상을 묘사하고 있는 「연출연습」이라는 시를 보면 이렇게 전개됩니다. "아무것도 아닌 것이 아무것도 없는 곳을/횡단하다가/무대 중앙까지 대각선으로 걸어가줄래?/대각선은 멈춰서서 잠깐 울었다. 주룩주룩은 언제부터 직선입니까. 죽음에 꼭 들어맞을 때까지"(「연출연습」) "죽음에 꼭 들어맞"는 것이 목적지입니다. 그러니 현실은 "아무것도 아닌 것이 아무것도 없는 곳을/횡단"하는 것일 수밖에 없겠지요. 미래가 닫힌 현재, 목적이 텅 빈 현재의 풍경을 환기시킵니다. 카뮈가 말했던가요. "인간의 상황은 근본적으로 부조리하며 목적이 결여되어 있다"고. 세상을 지탱시키는 목적이 허구로 인식될 때 세상이 만든 문법적 약호와 질서를 제어하는 힘도 이완되는 것이지요. 한인준은 부조리한 현대 사회의 일상에서 자기의지에 따라 목적을 설정하고 추구하는 과정 자체에 대한 무의미와 비관의식을 전위에서 표출하고 있는 것으로 보입니다.

정형 미학의 세계

윤금초

유성호 : 이번에는 제가 정형시 쪽의 미학적 성취에 대해 이야기해보겠습니다. 윤금초 시조집 『큰 기러기 필법』은, 시력 50년을 훌쩍 넘어선 우리 시조 시단의 한 거장巨匠이 들려주는 극점의 스케일과 밀도의 성취라고 할 수 있습니다. 가령 시인은 광활하고도 역동적인 우리 역사에 대한 탐색 의지와 호남 방언을 기저基底로 한 골계 미학의 진수를 동시에 담아냄으로써, 정태적이고 규범적인 개인 서정의 범주를 넘어서는 남다른 역동성을 이번 시집에서 보여줍니다. 자신이 '시인詩人'으로 살아온 실존과 이력에 대하여 깊이 성찰하는 품과 격을 보여줍니다. 여기서 윤금초만의 '시인'으로서의 존재론이 아름답게 펼쳐집니다. 그리고 그는 이러한 존재론을 떠받쳐온 것이 언어에 대한 깊은 사유와 감각, 그리고 뭇 사물들을 향한 가없는 사랑의 마음이었음을 지속적으로 노래해갑니다. 이러한 방법을 통해 그는 '시'가 무엇인지를 그리고 '시인'이 어떤 존재인지를 때로는 천형의 고독한 울음으로 때로는 다양하고도 화려한 필법으로 다양하게 점묘해낸 것입니다. 이제 우리는 윤금초 시학의 핵심이 형식에서의 절제(형식의 유지)와 파격(다양한 변형) 사이의 긴장, 내용에서의 과거(역사와 전통)와 현재(현실 유추) 사이의 길항에 있다고 할 수 있을 것입니다. 윤금초 시학은 이러한 현대시조의 오랜 과제 곧 고전적 구심과 실험적 원심 사이의 균형 감각을 특유의 내적 깊이로 보여주었고, 또 동시대의 현실을 탐구하는 모습도 깊이 보여준 사례로 다가오고 있습니다.

민병도 시조집 『바람의 길』은, 등단 40년을 훌쩍 넘긴 우리 시조

시단의 중진이 들려주는 정형미학의 한 극점이라고 할 수 있습니다. 그만큼 그의 시조는 세속의 번다함으로부터 벗어나 고전적 세계를 구축하면서도, 정형성의 근간을 빼어나게 견지하는 시적 경험 속으로 우리를 이끌어들이고 있습니다. 사실 민병도 시인을 빼고 1980년대 이후의 우리 시조를 설명하기란 거의 불가능합니다. 그만큼 그는 우리 시조시단의 중책들을 하나 하나 수행해가면서도, 자신만의 미학적 고갱이를 숱하게 남김으로써 한국 시조사의 거목으로 우뚝 남았던 것입니다. 이번 시조집에서는 차분하게 공동체적 역사와 개인적 실존을 사유하고 표현하는 잔잔한 기록을 다수 담아냈는데, 말하자면 오랜 역사의 흔적을 탐사하는 고고학적 열정과 함께 자기 표현의 정직성을 농밀하게 보여준 것입니다. 결국 이번 시조집은 민병도의 시적 생애에서 매우 중요한 결절점의 위상을 점해갈 것입니다. 이는 시인 자신의 존재론적 기원과 삶의 깊이 그리고 지속되어야 할 사랑의 마음이 그 안에 아름답게 담겨 있기 때문입니다. 이처럼 시인은 자신의 기원과 사랑의 탐색을 통해 아름다운 실존적 의지에 가 닿으면서, 우리에게는 진정성 있는 주체가 들려주는 자기 탐색의 목소리를 하염없이 듣게끔 해주고 있습니다.

민병도

신필영 시조집 『우회도로입니다』는, 우리 시조 시단이 거두고 있는 이러한 동일성 시학의 귀중한 결실 가운데 하나로 다가옵니다. 시인은 대상과의 동일성을 추구하는 서정 양식의 모형을 우리에게 일관되게 보여왔으며, 다양한 형식 실험보다는 안정된 시형 속에 자신의 생 체험과 정서를 진솔하게 담아왔기 때문입니다. 그만큼 신필

신필영

영 시인은 세계와 자아 사이의 균열에 대해 아파하면서도, 그 가운데서도 우리 삶의 궁극적 완성을 추구하려는 고전주의자라고 말할 수 있을 것입니다. 이번 시집은 이러한 세계를 압축하여 보여주는 감각적, 미학적 실증이라고 할 것인데, 신필영 시인은 이 점에서 현대적 복합성을 실질적 내용으로 삼으면서도, 시조가 가지는 균형과 절제의 미덕을 최대한 살리고 통합하는 데서 자신의 시적 좌표를 찾아갑니다. 그래서 우리는 확장된 형식보다는 정형의 균형을 유지하는 내적 결속의 언어에서 신필영 시조가 발원한다고 말할 수 있으며, 그의 시조가 전통적 화응和應의 정서와 함께 새로운 현대적 복합성을 유지하는 데서 그 독자성을 확보해간다고 재차 강조할 수 있을 것입니다. 신필영의 시조는 이러한 정형 미학의 최종 심급을 높은 예술성 아래 성취함으로써, 가멸차고 융융한 우리 시조 시단의 역동적 흐름을 보여준 것입니다.

박현덕 시조집 『야사리 은행나무』는, 단시조 60편을 통해 여러 장소들을 답파하면서 느끼고 경험한 자의 세상과 자아에 대해 노래한 결실이다. 그가 쓴 단시조들은 단아하게 짜여진 정형 양식 안에 삶에 대한 오랜 사유와 사물에 대한 섬세한 현대적 감각, 그리고 세계의 심연에 가 닿고자 하는 격정과 손길을 담고 있는 장인匠人의 결실이 아닐 수 없습니다. 여기서 '장인'이란, 일차적으로는 시조를 써내는 박현덕 시인의 예술적 역량에 대한 명명이겠지만, 그 너머에 삶과 사물을 바라보고 해석하는 그만의 예리하고도 따뜻한 시선이 있음을 비유적으로 일컫는 명명이기도 합니다. 그런 만큼 박현덕 시편에는 흉내내기 어려운 예술적 역량과 존재론적 시선이 깊이 매개되어 있고, 또 거기에 육체를 부여하는 장인으로서의 개성적 의장意匠

이 단단히 담겨 있습니다. 이번 단시조집은 그러한 역량과 시선의 한 정점을 보여주는 사유와 감각의 도록圖錄으로서, 고도화한 절제와 함축의 원리를 통해 세계의 상像을 풍요롭고도 아름답게 보여줍니다. 그럼으로써 우리는 박현덕 단시조의 한 정점이 이번 시집에 담겨 있다 할 수 있을 것입니다.

신철규 시편의 세계

유성호 : 이번에 '2018 작가가 선정한 오늘의 시'에서 동료 문인들로부터 가장 많은 지지를 받은 신철규의 시편에 대한 이야기로 한번 옮겨볼까요? 두 분 이야기만 듣기로 하지요. 함돈균 선생님께서 먼저 이야기해주시지요.

함돈균 : '올해의 좋은 시'로 뽑힌 신철규의 시 「심장보다 높이」는 슬픔에 대한 시이기도 하고 외로움에 대한 시이기도 하며 공포에 대한 시이기도 합니다. '슬픔'을 주제로 다룬 시집 『지구만큼 슬펐다고 한다』에서처럼 이 시 역시 슬픔을 다룹니다. 사회적 이슈에 대한 천착이나 타자의 고통에 대한 공감을 중심으로 슬픔을 형상화했던 시집과의 연속선상에서, 이 슬픔은 역시 타자와 주체의 경험이 연동되고 있습니다. 이 슬픔은 어두운 복도를 뛰어가는 겁에 질린 아이의 경험으로 표현되는데, 이 겁은 최초에는 복도의 어두움에서 연유하지만, "바깥에 아무도 없"는 것에서 더 증폭됩니다. 이런 점에서 겁난다는 것은 외롭다는 정서와 다르지 않으며, 공포는 대상 자체에

대한 공포라는 차원을 넘어서 '타자의 인기척'이라는 존재론적 함의를 내포하게 됩니다. "무섭기 때문에 외로웠고/외로웠기 때문에 무서"운 경험은 이런 방식으로 주체와 타자의 존재를 하나의 것으로 포갭니다. 시의 화자는 욕조에서 물 속에 잠기는 자기 경험을 발화하고 있으나, 거기서 듣는 인기척은 겁에 질린 어두운 복도의 아이입니다. 왜 하필이면 아이일까요, 왜 하필이면 물속일까요. 이 시는 여전히 해소되지 않는, 아니 어쩌면 영원히 해소될 수 없는 우리 시대의 트라우마로서 세월호 같은 사건이 아주 오랜 시간 우리 시의 화두가 될 것이며 우리 시인들을 문학적 우울증에 빠지게 할 것이라는 예감을 갖게 하는 시입니다. 이 시의 슬픔은 그런 점에서 시인의 슬픔이며 문학의 우울증 같은 것입니다. 그러나 어쩌면 '존재의 근원적 슬픔' 같은 추상적인 설명보다도 더 실감나는 문학적 현실로서의 슬픔이란 지금은 이런 것이 아닌지 모르겠습니다. 그러나 역설적으로 이 우울증, 이 슬픔이야말로 타자의 공포-외로움을 인식하고 감지하고 기억하는 인기척이라는 점에서 문학이 지닌 고유의 가능성을 보여주는 일이라고 하겠습니다. 시의 우울증은 문학의 힘입니다. 거기에는 타자가 깃든 주체의 몸, '심장과 분리되지 않는 영혼'이 있습니다.

홍용희 : 신철규의 「심장보다 높이」는 매우 긴 호흡의 장시이지만 잠시도 지루할 틈이 없습니다. 극적 사건처럼 전개되는 시상의 미로가 숨결을 멈추게 하는 긴장감과 불안감에 휩싸이게 합니다. 공간적 배경은 암전 상황의 욕조이고 극의 중심은 심장입니다. 화자가 "물이 심장보다 높이 차오"른 욕조에 누워 있습니다. 시상의 분위기는 어둡고 고요합니다. 그래서 욕조에 누운 화자의 심장과

피의 역동이 섬세하게 감지됩니다. “심장”과 “중력”이 힘겨루기를 합니다. “심장”은 “자신보다 높은 곳에 피를 보내”야 합니다. 그러나 이곳에도 어김없이 “중력”이 작동합니다. “심장”이 “중력”을 누르고 박동, 내압, 심박 출량을 가장 적정하게 조절하고 관리할 때만이 생명은 유지됩니다. “심장”의 한 순간도 쉬지 않고 죽음을 건 싸움을 하는 것이지요. “발가락 끝에 도달한 피는 돌아올 때 무슨 생각을 할까”. 살아 있음의 확인과 안도가 아닐까? 그렇다면 심장이 잠시라도 중력을 제압하지 못한다면 어떻게 될까? “뇌는 피를 달라고 아우성칠 테고” “폐는 조금씩 가라앉고”, 흐르던 “피는 머뭇거”릴 것입니다. 문득 화자는 이 순간의 영혼의 처소를 떠올립니다. 이때 “내 영혼은 내 몸 어딘가에 멈춰있을까”? “심장”에 관한 물질적 감각이 영혼에 관한 추상적 감각으로 전이 되고 있는 것입니다. “물이 심장보다 높이 차오를 때” “무너질 수 없는 것들이 무너지고 가라앉으면 안 되는 것들이 가라”앉습니다. “심장”은 실존의 주체이고 주인공입니다. 따라서 “기억” 역시 “심장에 새겨”집니다. 그래서 “심장이 뛸 때마다 ”기억“들이 혈관을 타고 온몸으로 번져”갑니다. 물론 심장 박동이 멈추면 “어떤 기억”도 암전될 것입니다. “다시 전기가 들어오고 불이 켜”집니다. “모락모락” 피어오르는 “김”이 “서로를 조금씩 잃어가면서/서로를 조금씩 빼앗으면서” 각축을 벌이고 있습니다. 이것은 마치 심장과 중력의 각축이며 삶과 죽음의 각축으로 이해됩니다. 이 시는 암전된 욕조 안에서 재발견하고 재인식하게 된 자신의 “심장”에 관한 기록물입니다. 물론, “심장”은 화자 자신의 것이지만 그러나 화자 자신도 제대로 알지 못합니다. 실제로 “심장”의 구조와 역할과 기능을 작동시키고 활성화하는 주체는 심장의 주인인 화자 자신의 자각적 의지나 계산된

의도에 의한 것이 아니지요. 화자는 자신의 생명을 관장하는 심장으로부터 가장 소외되어 있는 것이 사실이지요. 그래서 화자의 "심장"은 화자의 놀라운 발견과 인식과 관찰의 대상일 수 있습니다. 이렇게 보면, 신철규는 "심장"을 대상화하여 자기 자신의 존재성을 관찰하고 있었던 것입니다. 시상의 미로가 표나게 긴박감과 불안감을 느끼게 했던 것도 우리 자신의 적나라한 본모습이며 가장 핵심적인 실존의 실체에 대한 탐문의 과정이었기 때문이 아니었을까 생각됩니다.

유성호 : 감사합니다. 오랜 시간, 두 분 정말 수고하셨습니다.

그는 '지구만큼 슬펐다고 한다'

때 : 2018년 2월 12일 월 오후 5시 / **곳 :** 서촌 시민행성 / **질문자 :** 함돈균

신철규는 조용한 시인이다. 요즘 젊은 작가들이 아이돌처럼 발랄하고 능동적으로 문학행사를 스스로 주관하고 독자와 활발히 소통창구를 열어놓는 것에 비한다면, 그는 '전통적인' 시인에 가깝다. 말이 별로 없고 차분하며 잡다한 것에 취미를 갖고 있지도 않은 듯하다. 그의 말에 따른다면 집 바깥으로도 자주 나가지 않는다고

한다. 그러나 그를 '전통적인' 시인의 전형적인 이미지에 가두어 놓을 수도 없다. 그의 시가 보여주는 것처럼 그는 자연예찬론자나 풍류가객이 아니다. 조용하지만 뜨겁고 끈덕진 열정이 느껴진다. 무엇에 대한 열정인가. 첫 시집 『지구만큼 슬펐다고 한다』에서 잘 나타나듯 그는 지난 수년 간 한국의 시민사회뿐만 아니라 문단의 작가들을 크게 고통스럽게 했던, 그래서 문학적 이슈의 중심이 되었던 시대의 정치사회적 불모성에 일관성을 가지고 귀 기울여 왔다. 그의 첫 시집의 열정은 그래서 시대의 우울증으로서 '슬픔'이었고, 그것은 고통 받는 타자에 대한 문학적 '환대'이자 연대의 몸짓이었다. 공교롭게도 이 몸짓은 2011년 등단한 이래 그의 활동기가 한국사회가 민주화 시대 이후 겪었던 가장 참혹한 정치사회적 암흑기였다는 사실과 깊은 관련이 있다. 첫 시집을 낸 시인의 시가 '올해의 좋은 시'로 선정된 경우가 많지는 않은데, 「심장보다 높이」 역시 공포와 외로움과 슬픔의 문제를 타자를 향한 깊은 공감과 연대의 미학으로 승화시키고 있다는 점에서 같은 맥락의 연장선상에 있다. 역설적으로 시인은 상처를 통해 단련되고 상처를 통해 자기 시를 완성해나간다는 고전적 명제를 확인하게 한다. 시인에게는 개인의

상처와 타자의 상처, 시대의 고통이 구분되지 않는다. 겨울의 죽음을 넘어선 봄 생명 기운이 문턱을 두드리는 즈음에 시인 신철규를 만나 단도직입적인 질문으로 조용한 대화를 나눠봤다.

1. 시인의 내력이 궁금하다. 문청이었는가.

전형적인 시골 촌놈이다. 변화를 두려워하고 현실에 안주하는 것을 즐기는 편이다. 한번 고정된 생활 패턴에서 잘 변화시키지 않는다. 대학교 시절에는 학교, 하숙집, 술집 외에는 어디에도 가지 않았다. 군대에서 전역 후 연애를 하기 전까지 시내를 나가 본 것이 2번밖에 안 된다. 학교 주변을 맴도는 생활을 했다. 책을 빌려서 보는 것을 극도로 싫어한다. 헌책 사는 것을 좋아한다. 이제는 사라졌지만 학교 앞 '동방서적'이라는 서점에 가서 어떤 책이 있는지 유심히 들여다보기를 좋아했다. 가끔 2000~3000원짜리 시집이나 4000~5000원짜리 평론집 등 초판 희귀본이 있을 때 희열을 느끼며 사기도 했다. 심지어 도서관에서 책을 빌린 것도 전역 후가 처음이었다. 그때 도서관 대출계 보조 업무를 하고 있던 학생이 "책을 처음 빌리셨네요?" 하면서 나를 의아한 눈으로 쳐다보았었다.

문청의 정의를 어떻게 해야 할지는 모르겠지만, 다른 것에 크게 관심이 없이 문학 관련 서적들만을 읽는 사람이라고 한다면 나는 문청이었다고 할 수 있다. 학부 2학년 1학기를 마치고 군에 입대했는데 이 무렵부터 시를 쓰기 시작했다. 전역 후 본격적으로 문학 동아리 생활을 시작했는데 다른 사람들의 시를 까다롭게 혹평하기도 했다. 내 자신 시를 잘 쓰지도 못하면서 다른 사람의 작품에 대해서

는 평가 기준이 상당히 까다로운 편이었다. 이성복, 최승자, 기형도 등등의 시만큼 되지 않는다면 시를 쓸 이유가 없다고 생각했다. 그렇다고 해서 시에 순교한다거나 피로 쓴다거나 하는 말들을 싫어했다. 시를 숭배하는 사람들 치고 실제 작품이 그것을 뒷받침하는 경우가 드물었기 때문이다. 술자리나 사석에서 문학 얘기를 하는 것을 좋아하지 않는 편이다.

2. 중고등학교 시절은 어떻게 보냈는가. 경상도 사람인데 그 지역이 역사적으로 보면 '패권적인' 지역인 것만은 사실이다. 반면 신시인의 시는 패권주의에 정서적으로 도전하는 시다. 자란 지역의 환경이 시에 미친 영향을 이야기해 달라.

중학교 시절은 내 인생의 황금기 중의 하나다. 걱정 없이 학교만 다니던 시절이었다. 우리 동네에서 버스로 10분 거리에 있는 면소

재지에 학교가 있었다. 여러 골짜기에 흩어져 있던 친구들이 모였고 다들 착했다. 남자 14명, 여자 21명이 한 반이었고 그것이 학년 전체였다. 수업 때 차분히 앉아 있는 학생이지는 않았고 선생님 말씀에 끼어들거나 짝지와 장난을 치다가 혼이 많이 났다. 수업 시간에 너무 시끄러워서 화가 나신 선생님께서 교실 뒤에 벽을 보고 서 있는 벌을 받기도 했다. 만화책을 좋아했고(특히 『슬램덩크』) 다른 책에는 취미가 없었다. 여자애들이 소설책 같은 것을 읽고 있으면 좀 한심하게 바라보는 편이었다. '저게 무슨 재미가 있는 거지?'라며 의아하게 생각했다.

고등학교 시절은 이와 달리 암흑기였다. 중학교 때의 평화롭고 화기애애한 분위기와 달리 전교생이 1000명에 육박하는 남자 고등학교의 억압적이고 권위적인 분위기 때문에 위축되어 있었고 스스로에 대한 불만과 존재 이유에 대한 회의도 깊어졌다. 교실에는 남자애들의 혈기와 공격성이 꿈틀대고 있었고 그것을 통제하기 위해 선생님들도 폭력적이었다. 돌이켜보면 영화 〈말죽거리잔혹사〉와 〈바람〉에서 나오는 교실 분위기가 혼재해 있었다. 나는 교실 뒤편에서 학교 수업을 팽개친 친구들과 교실 앞쪽에서 열심히 수업을 듣는 모범생(?) 사이의 어정쩡한 위치에 있었다. 입시 교육을 혐오하면서도 잘 적응하는 편이었다. 읍내에서 자취 생활을 했었는데 주말마다 시골집에 올라와 동네 형들과 폐교된 초등학교 운동장 구석에서 새벽까지 술을 마셨다. 여름에는 장작불 곁에서 동이 틀 때까지 졸다가 패잔병처럼 동네로 걸어가는 날도 있었다. 겨울에는 추워서 고스톱, 땡잡기, 포커, 훌라 등 도박에 빠져 살았다. 내가 자랄 때까지만 해도, 시골에는 아이들이 놀 것이 없었기에 어른들이 하는 것을 이른 나이에 배웠다.

아시다시피 경상도는 상당히 보수적이고 권위적인 성격이 강한 지방이다. '거창'이라는 조그만 소도시는 자기 도시에 대한 자부심이 상당히 강한 편이었다. 보수 여당의 뿌리가 확고했으며 지지율도 상당히 높았다. 교육열은 다른 지역에 비해 상당히 높았던 반면에 그것이 세계에 대한 비판적 사고로 발전되기보다는 사회적 · 경제적 성공에 대한 열망으로 귀착되는 경우가 많았다. '우리끼리 잘 살자' 또는 '우리가 남이가'라는 온정주의와 집단주의가 팽배해 있었고 흔히 말하는 '삐딱한' 태도를 싫어했다. 나는 소심하고 소극적인 성격이었기 때문에 이러한 분위기에 대한 회의가 있었다. 그것이 강화된 것은 1970~1980년대 소설을 읽으면서 비판적 시선과 역사적 의식을 조금씩 함양할 수 있었다. 이청준, 황석영, 조세희, 이문구, 전상국, 윤흥길 등의 소설을 좋아했고 철 지난 민음사의 '오늘의 작가상' 시리즈를 모으기 시작했다. 이문열의 『사람의 아들』을 읽고 충격을 받았던 기억이 생생하다. 이 소설을 통해 지적 유희의 즐거움을 깨달을 수 있었다. 집단과 공동체에 대한 질문을 할 수 있게 해주었다는 측면에서 내가 나고 자란 고향은 의미가 있었다고 생각된다.

3. 자기 문학의 '스승'이라고 할 만한 사람이 있는가. 직접적이든 간접적이든. 가장 좋아하는 국내외 작가는 누구이며 이유는 무엇인가.

내 시와 글쓰기의 지표가 될 만한 작가들은 많아서 한 사람을 꼽기는 힘들다. 우선 모교의 은사들을 들 수 있을 것 같다. 최동호 선생님으로부터는 『문심조룡』 등을 통한 동양 시학의 의미를 배우면서 거시적 관점에서 문학사를 들여다볼 수 있는 눈을 뜰 수 있었고, 김인환 선생님으로부터는 한 편의 작품을 엄밀하게 뜯어읽는 일의 소중함을, 그리고 그 작품을 이루는 구조적 틀에 대해 배울 수 있었다. 황현산 선생님 수업을 들으면서 시인의 창조적 정신과 현실이 어디에서 만나는지, 작품의 내부와 외부가 어떻게 상호 교통해야 하는지 어렴풋이 깨달을 수 있었다. 시를 쓰면서 가장 압력을 느끼는 대상은 김수영과 이성복이다. 한 편의 시를 써나가면서, 그리고 어느 정도 완성한 뒤 퇴고를 하면서 그들이 시와 시론에서 추구한 어떤 시적 상태에 내 시가 얼마나 근접했는지 스스로 되묻곤 한다. 습작생들이 이성복의 초기시에 탐닉하는 경우가 많은데(나 또한 그랬다), 강의할 때 그의 시 세계의 변화 과정을 유심히 살펴보기를 권하곤 한다. 그 내적 필연성을 발견하면 시에 대한 자신만의 시론을 정립할 수 있을 것이라고 생각하기 때문이다. 특히 나 같은 경우, 등단 전후에 『아, 입이 없는 것들』을 수차례 꼼꼼히 읽었다.

여러 번 읽은 소설이 더러 있다. 밀란 쿤데라의 『참을 수 없는 존재의 가벼움』은 2~3년에 한 번씩 읽고 영미 작가들의 단편은 시가 잘 쓰이지 않을 때 뒤적거린다. 레이먼드 카버의 사건에 대한 서술이 중심이 된 건조하면서도 단문으로 된 문체를 좋아한다. 체호프는 1886년에 쓴 편지에서 '초단편(미니멀 픽션)'의 형식 요건을 다음과 같이 기술했다. 첫째, 정치–경제–사회적 요소를 언어로 토로하지 말 것. 둘째, 철저히 객관적일 것. 셋째, 인물과 사물에 대한 묘사를 진실하게 할 것. 넷째, 철저히 간결할 것. 다섯째, 따뜻한 마음을 지닐 것. 이는 시를 쓰는 데도 중요한 지침이 된다고 생각한다. 작년에 아고타 크리스토프의 『존재의 세 가지 거짓말』을 두 번 읽었는데 알레고리에 대해 생각할 거리를 많이 주었다. 외국 시집으로 제일 많이 본 시집은 비스와바 쉼보르스카의 『끝과 시작』이다. 문예 비평가로는 발터 벤야민과 테오도르 W. 아도르노를 좋아한다.

4. 아내가 소설가다. 시인과 소설가가 한집안에서 살면 무슨 일이 일어나는가?

시인은 이 질문의 대답은 웃으면서 회피했다. 아내도 싫어하는 질문이라고 한다. 물론 '수준 없는' 질문이다. 아무런 상관이 없을 수도. 그러나 두 장르 간 성향이 많이 다른 것은 사실이다. 대답은 듣지 못했으나 여전히 궁금함은 남는다.

5. '지구만큼 슬픈' 제목의 시집을 냈다. 그 내용도 그렇다. 이 시들 전반을 꿰뚫는 '슬픔'의 정서가 분명한데, 이에 대해 이야기 해 달라.

슬픔이 어디에서 오는지 오래 생각해본 적이 있다. 슬픔에는 크게 두 가지가 있을 것이다. 하나는 지속적인 슬픔이고 다른 하나는 순간적으로 외부에서 습격해 들어오는 슬픔이다. 지속적인 슬픔은 우리가 유한한 몸과 생명을 가지고 태어난 한계 조건에 의해 필연적으로 느끼게 되는 감정 상태라면, 순간적인 슬픔은 우리가 그러한 한계 조건을 잊고 지내다가 그것을 새롭게 확인하는 과정에서 느끼는 감정 상태라고 할 수 있다. 우리는 보통 자신의 모는 애성을 쏟아 부은 상대방에게서 모진 말을 들었을 때, 혹은 반대로 우리가 그런 모진 말을 상대방에게 했을 때, 믿었던 타인에게 배신을 당했을 때, 이 세계의 벽과 마주했을 때 등등 우리는 나와 세계의 어긋남에 직면했을 때 슬픔을 느낀다. 이 슬픔은 주로 내가 현실을 개선

할 수 없다는 막막한 무력감을 동반하는데 그것은 주체의 왜소화와 세계의 거대화로 인한 격차를 더욱 실감하면서 우리는 슬픔에서 벗어나기가 힘들어진다. 그러한 슬픔에 잠겨 있을 때 우리를 더욱 가라앉게 하는 것은 그 슬픔을 타인으로부터 이해받지 못하고 공감을 얻어내지 못하는 상황이다. 우리는 '나'와 '세계'의 불일치 때문에 느끼는 소외감과 고립감에 의해 내면으로 더욱 깊이 침잠하고 타인을 비난하거나 자신을 자책하면서 괴로워한다. 어쩌면 우리가 가장 슬픔을 느끼는 상태는 슬퍼야 하는 상황에서 '제대로' 슬픔을 표출하지 못할 때인지도 모른다.

슬픔은 위험하고 독성이 있다. 그것은 자신의 존재의 의미나 살아가야 할 이유를 희미하게 하며, 일상적인 생활에서의 불연속과 불균형을 초래한다. 하지만 슬픔은 병적인 현상이 아니기에 그것을 치료하거나 고칠 수는 없다. 대개 슬픔의 상황은 어떤 현실적인 불가능성을 동반하기 때문이다. 친족이나 가까웠던 타인의 죽음을 우리는 돌이킬 수 없다. 중요한 것은 특정한 슬픔을 특권화하지 않는 것이다. '네가 내 슬픔을 알아?'라든지 '너는 나만큼 슬프지 않아!'라는 식의 특권화는 어떤 대화나 공감을 이끌어내지 못한다. 타인의 정서, 그중에서도 특히 근원적인 고통, 상실과 관련된 '슬픔'에 대해서는 그 깊이나 정도를 단언할 수 없다. 측량할 수도 없고 이해하기도 힘든 슬픔에 대해서 어떻게든 나만의 언어로 풀어내고 싶었다.

6.1 2011년 등단하고 2017년에 시집이 나왔다. 시집 출간이 요즘치고는 좀 늦었다. 무슨 곡절 같은 것이 있었는가.

우선 내 자신의 게으름 때문이었다. 등단하고 초반에 시를 열심히 썼는데 어느 순간 벽에 부딪히는 것을 느꼈다. 이것이 내가 쓰고 싶은 시인가, 너무 비슷한 이야기를 반복하는 것은 아닌가, 라는 회의가 있었다. 평단에서도 크게 주목받지 못하는 시를 써야 할 이유가 무엇인가, 자문하는 시간이 많았다. 그러다가 2013년 말~2014년 초에 썼던 시들에서 시의 형식과 발화 방식을 바꿀 수 있는 길을 발견할 수 있었다. 그리고 무엇보다 세월호 사건에서 지대한 영향을 입었다. 2014~2015년에 시집에 들어갈 중요한 시들의 대부분을 썼다. 나 같은 경우는 오히려 시집을 늦게 냄으로써 득을 본 편이라고 생각한다.

두 번째는 출판사의 사정이었다. 2015년 말에 원고가 정식으로 입고되었고 2016년 봄에 1차 편집본을 받았다. 그 후에도 두어 번의 편집을 거쳤는데 결국 시집 출간 두어 달 전에 다 뒤집어엎고 순서와 부 나누기 등을 새로 했다. 무엇보다 시집의 뒤에 들어가는 평론을 기다리는 데 애를 먹었다. 원고가 너무 늦게 들어와 속상하기도 했는데 막상 평론을 받고 나서는 혼자 정독을 하면서 무한한 고마움을 느낄 수밖에 없었다. 집에서도 읽을 수 있었지만 굳이 출력을 해서 학교 도서관 열람실에서 천천히 읽었다. 단숨에, 침을 삼키면서, 한 문장 한 문장 곱씹으면서 읽었다. 읽는 중간마다 숨이 막혀 심호흡을 할 때도 있었다. 이게 나였구나, 이게 내 시였구나, 이게 내가 하고 싶은 이야기였구나, 탄복하고 수긍할 수밖에 없었기 때문이었다. 신형철 평론가께서 제 등단 소감까지 뒤적여가면서 읽어낸 내 삶과 살아감의 궤적을 '천사의 눈'이라고 명명했을 때 그것이 과분한 만큼 그것이 내 것이 되었으면 좋겠다는 강렬한 욕망 또한 꿈틀거렸다. 시보다 좋은 평론을 받아서 한없이 기뻤고 그에 걸맞은 시를 써야 한다는 부담감도 커졌다.

시집이 나오고 나서 제일 많이 들었던 질문 중 하나가 제목을 누가, 어떻게 지었냐는 것이었다. 제목은 전적으로 편집자이신 김민정 시인께서 지어주신 것이다. 제목 덕분에 대중의 주목을 받았고 제목과 시집이 잘 어울린다는 평을 많이 들어서 김민정 시인의 안목에 탄복할 수밖에 없고 또 무한한 감사의 마음을 품고 있다. 하지만 사실 이 제목을 처음부터 좋아한 것은 아니다. '슬프다'라는 형용사가 시집의 전반적인 정서를 너무 직접적으로 드러내고 '지구만큼'이라는 비교급 부사 구문이 그것을 과장하는 것으로 읽히지는 않을까 두려웠기 때문이다. 지금은 이 제목을 사랑할 수밖에 없다. (웃음)

6.2 본격적인 활동 기간이 이명박 정부 후기부터 박근혜 정부 시기 끝까지 걸쳐 있다. 시집 내용도 이 시기의 정치적 상황을 암시하는 것들이 많다. 이 시기 시인으로서 글을 쓴다는 것의 자의식에 대해 설명해 달라. 사실 한국의 많은 작가들이 이 시기 비슷한 자의식에 갇히게 된 것을 보기도 하지만. 블랙리스트에 들어가 있기도 했는데 문학과 정치의 관계에 관한 본인의 생각을 알려달라.

지난 십년간의 포스트파시즘적 체제에서 '고통의 무감각' 때문에 괴로워했다. 사회는 끊임없이 불안을 조장하면서 시민과 약자들의 호소에 눈과 귀를 닫아버렸다. 행복에 대한 전망이 완전히 차단된 상태에서 저는 우리가 어떤 거대한 수용소에 갇혀 있는 것 같은 환상에 시달렸다. 수용소에서의 삶은 완벽한 불확실성과 우연성에 좌우되는 것이라고 생각한다. 앞날은 칠흑같이 불투명하고, 죽고 사는 것을 스스로 결정하는 것이 아니라 정체를 알 수 없는 외부의 힘에 전적으로 맡길 수밖에 없는 상황은 인간을 더 이상 사고하고 감각하는 생명체가 아니게 만들어버렸다. 말 그대로 '발가벗겨진' 상태로 하루하루의 생존을 위해서만 사는 동물로 타락시키는 것이었다. 이러한 사회를 만들어내고 그것을 아무 문제가 없는 것처럼 호도하는 위선적인 인간들에게 우리에게는 여전히 '슬퍼할 수 있는 능력'이 있음을 보여주고 싶었다.

시인이 광장에 나오는 나라는 좋은 나라가 아니라고 생각한다. 시인은 시의 소재나 대상은 바깥의 현실에 있지만 시를 쓸 때는 자기만의 방에서 언어와 싸우는 사람이다. 하지만 그 언어가 타락했을 때 그 언어를 타락하게 만든 검은 힘에 맞서 싸우는 것을 포기해서는 안 될 것이다. 전 정권이 만든 문화예술계 블랙리스트는 단순히 체제에 비판적인 논조를 취하거나 정부의 시책에 이의를 제기한 단체에 속해 있다는 것을 기준으로 주먹구구식으로 만들어진 것이었다. 따뜻하거나 밝은 정서와 분위기에 집중해서 시를 쓰는 시인도 있고, 차갑고 어두운 시선과 지적인 언어로 시를 쓰는 시인도 있었다. 이렇게 다채로운 시들을 불온한 것이라고 한다면 우리는 그 불온함을 향한 폭력들에 맞서 싸울 수밖에 없었다. 그것이 시대의 전위에 서는 것이고, 깨어 있는 시민들과 함께하는 것이며, 다른 세계를 향해 모험을 떠나는 것이라고 생각한다. 김수영 시인은 "모든 전위문학은 불온하다. 그리고 모든 살아 있는 문화는 본질적으로 불온한 것이다. 그것은 두말할 것도 없이 문화의 본질이 꿈을 추구하는 것이고 불가능을 추구하는 것이기 때문이다."라고 했다. 나는 시가 세계의 가장 어두운 곳에 머무는 것이라고 생각하며 그것이 이 세계를 어둡게 하는 것이 아니라 좀 더 따뜻한 밝음을 가져오는 것이라고 믿는다. 이렇게 다채로운 시들에 검은 페인트를 쏟아 부은 세력들을 향해 진실이 무엇이 보여주는 것이 문학의 역할일 것이다.

나는 자기와 생각이 다르다고 해서 타인을 억압하지 않는 세상에서 살고 싶다. 그러기 위해서는 나 먼저 변화되어야 할 것이다. 예술가들이 이 세계에 아무런 도움이 되지 않는 기생적 존재가 아니라 이 세계가 덜 망가지기 위해 노력하는 사람들이라는 것을 많은 사람들이 알아주었으면 하는 소박한 바람 또한 가지고 있다. 나는 블랙리스트가 다시는 만들어지지 않는 사회를, 그리고 그것을 가능하게 했던 파시즘적 사고방식이 발붙일 수 없는 세상을 꿈꾼다.

7.1 〈손석희의 뉴스룸〉에서 손석희 앵커가 「눈물의 중력」에서 "어떤 눈물은 너무 무거워서 엎드려 울 수밖에 없다"는 구절을 인용했다. '눈물'은 본인의 시에서 어떤 의미인가.

나는 감정을 드러내는 데 상당히 인색한 편이다. 그래서 눈물도 잘 흘리지 않고 아무리 슬퍼도 눈물이 잘 나오지 않는 때가 많다. 그런데 눈물을 흘리는 사람들을 보면 도대체 얼마나 슬프기에 저렇게 눈물을 흘릴 수 있을까, 당혹스러운 시선으로 바라보게 된다. 그렇다면 저 눈물이야말로 슬픔의 가장 객관적인 징표일 것이라고 생각했다. 내가 할 수 있는 일은 다른 사람의 눈물을 내가 기록하고 증언하는 것이라고 마음먹게 된 이유가 여기에 있다. 눈물은 주체가 스스로를 감당하지 못해 터져 나오는 육체의 떨림이었고 이 세계의 양심 전체에 호소하는 심장에서 길어 올린 몸부림 같은 것이다. 그것은 절망으로 인한 허물어짐일 수도 있지만 자신이 인간이라는 것을 증명하고 견뎌내는 의지의 표현이라고도 볼 수 있다.

7.2 작가의 시가 화제의 뉴스프로그램에 인용되는 일은 매우 드문 일이다. 자신의 시가 이렇게 유명한 방송의 앵커에게 인용되는 기분은 어떤 것인가. 방송에서 소개된 후와 이전의 삶이 달라진 것이 있다면?

크게 달라진 것은 없다. 그것이 방송된 시기가 〈뉴스룸〉에서 '최순실 태블릿 PC'를 입수해 그 내용을 공개하면서 촛불 시위가 가장 뜨거웠을 때였다. 〈뉴스룸〉의 시청률이 10% 인팎을 넘나들 때였다. 탄핵이 될 수 있다는 위기의 상황이었는데도 전 대통령은 현실감각이 없는 언행을 보였다. 시민의 공분과 슬픔이 극도에 달한 시점에 그녀의 언행을 문제 삼으면서 그 구절이 인용되었다. 생방송으로 보지는 않았다. 담당 작가에게 동의 전화가 왔었지만 방송의 생리가 예정대로 흘러가는 것이 별로 없다는 것을 인지하고 있었기에 크게 기대하지는 않았다. 그리고 나는 아직 시집도 없었고 그 시가 발표될 당시 누구에게도 주목받지 못했기 때문에도 그랬다. 실제로 알릴 사람이 없기도 하지만 방송이 안 될 가능성이 크기에 농담처럼 몇 사람에게만 알렸다. 다들 장난치지 말라, 는 반응이었고 농담쯤으로 인식했다. 실제로 방송에서 시 구절이 나오자 나보다는 친구들이 깜짝 놀랐다. 나는 원고 마감이 있어서 커피숍에 있었고 지인들이 캡쳐한 사진들이 속속 도착했다. 이 정도까지의 반응을 기대한 것은 아닌데 사람들이 축하해줬다. 그리고 그 구문의 힘을 느끼고 나에게 감사를 표한 사람들도 있었다. 나는 어리둥절했고 또한 기쁘기도 했고 슬프기도 했다. 나를 비롯한 많은 사람들이 슬픔에 빠진 상태로 이 세계를 버텨내고 있다는 생각이 들었기 때문이다. 집에 가서 실제로 방송을 보니 작가가 구성과 대본을 참 잘 썼고 그것을 손석희 아나운서가 예의 그 명석하고 분명한 어조로 잘 읽어주었다. 그 힘이 더 컸던 것으로 생각된다. 요즘도 내 이름은 모르지만 그 구절과 방송을 기억하는 사람이 있다. 매스컴의 위력을 절감하게 된다.

8. '눈물'을 강조하다가 보니 오히려 '웃음'과 '유머'에 대해 질문해지고 싶어진다. 마크 트웨인은 평생 유머를 주제로 글을 쓰면서 '천국은 유머가 없는 곳'일 거라는 말도 했다. 작가로서 웃음과 유머가 있는 시를 쓰고 싶다는 생각은 없는지.

나는 사석에서는 사람들을 웃기려고 노력하는 편이다. 심각한 것을 별로 좋아하지 않고 어색한 분위기를 싫어한다. 내가 끼지 않아도 되는 자리에는 잘 가지 않고 자주 보는 사람들은 한정되어 있다. 친한 사람들에게 짓궂은 농담도 잘하고 놀리는 말도 많이 한다. 진지하게 칭찬하거나 심각한 주제나 서로의 문제에 대해 이야기를 나누는 것은 나와 맞지 않는다. 진심은 잘 통하지 않는다는 회의가 여기에는 깔려 있는지도 모른다. 시를 쓸 때의 '나'는 그것과 달리 진지하고 우울한 상태에 놓여 있는 경우가 대부분이다. 어떤 고통이나 슬픔의 극단적인 상태를 가정하고 시적 대상에 접근하는 편이다. 일종의 순환 논법일 수 있지만 그러한 주체의 상태에 맞는 시적 대상이 우선 눈에 들어오고 그것들이 시를 쓰게 하는 힘이 되기도 한다. 그래서 대부분의 제 시들은 좀 무겁고 암울한 느낌을 유발하는 것 같은데 제가 이런 시만을 쓰려고 의도적으로 그것을 지향하는 것은 아니다.

'웃음'과 '유머'가 있는 시를 좋아한다. 김영승과 윤제림의 시들을 좋아하는데 그들은 건조하고 통명스러운 문체로 능청스럽게 진실에 접근하는 방식을 보여준다. 김영승은 다소 현학적인 면이 있고 윤제림은 쉽고 평이한 문체를 쓰는 면에서 차이가 있다. 최근에는 심보선 시인이 블랙코미디적인 유머를 구사하는 것 같다. '유머'를 잘 쓰는 시인들이 부럽다. 나는 시를 쓸 때 상당히 경직되는 편이다. '유머'는 스스로 내려놓는 행위라고 할 수 있는데, 이 내려놓음 또는 벌거벗음은 가식적이고 세속적인 일상 속의 나 자신을 적나라하게 노출시킴으로써, 그리고 시 쓰는 것에 대한 신비화를 걷어냄으로써 획득된다고 생각한다. 강인한 정신을 가진 자만이 유머를 구사할 수 있다. 김수영의 시도 크게 보면 유머로 읽을 수 있다. 물론, 그 희화화가 관습화되거나 큰 변화 없이 반복적으로 사용될 때 일종의 타성에 젖을 수도 있다는 것을 염두에 두어야 한다고 생각한다. 나는 나약하기 때문에 내 자신이 들키는 것이 두렵다.

9. 비평가로서 개인적으로 〈No surprises〉를 좋아한다. 비평가로서 내가 평론을 쓸 때 가끔 쓰는 나만의 독특한 비평 용어가 '하느님' '기도' 같은 말인데, '우리의 기도는 바늘처럼 날카롭다/온몸이 바늘로 뒤덮힌 하느님'이라는 표현이 나온다. 신시인에게 '기도' '하느님'은 무엇인가.

나는 기독교적인 개념의 하느님의 존재를 믿지 않는다. 어릴 적 이웃 동네에 개척 교회가 있었는데 전도사에게 반강제로 끌려가 본 적이 있다. 사람들이 무릎 꿇고 누군가를 향해 기도하는 것을 참을 수 없어서 중간에 도망쳐 나왔다. 그 이후 전도사만 보면 피해 다녔다. 나는 기본적으로 의심이 많은 편이라 눈에 보이지 않거나 감각할 수 없는 것을 믿지 못한다. 하지만 어떤 재앙이 닥쳤을 때 간절

해지는 마음이 솟아나는 것을 막을 수는 없다. 그러한 생각마저 할 수 없다면 우리가 하는 행동이 너무 무기력하고 보잘것없는 것이 되어버리기 때문이다. 나는 신을 믿지는 않지만 지금 이처럼 불행한 세계에 신마저도 없다면 인간이 더 불행하고 고독한 처지에 놓일 것이라는 의미에서 꼭 필요한 존재라고 생각한다. '나만의' 신은 어디에도 없을 것이며 '우리의' 신은 있을 것이라고 생각한다. 나는 신을 양심과 동의어라고 생각한다.

「No surprises」는 내게 의미 있는 작품이다. 앞서 말한 대로 제 시가 변화되는 계기가 되었던 작품이기 때문이다. 등단하고 나서 1~2년 동안에 발표했던 시들은 대개 내가 쓸 수 있는 주제와 이야기를 담고 있는 것이었다면, 그 시에서는 내가 하고 싶고, 해야만 하는 주제를 제 나름의 형식으로 담아내고자 했다. 2013년 말 대선에서 진보 진영이 패하고 나서 한동안 지독한 패배감에 휩싸였었다. 그때 라디오헤드의 저 노래를 반복해서 들었다. 삶을 포기하기 직전의 우울과 이상한 환희가 교차하는 노래로 들었다. 그것은 보컬인 톰 요크의 목소리, 툭툭 내뱉는 듯한 읊조림이 항의를 담은 절규로 바뀌었다가 다시 천천히 침잠하는 노래의 구성에서 기인한 바가 클 것이다. 시가 직접적으로 현실을 변화시킬 수는 없더라도, '수용소가 되어버린 천국은 과연 천국이라고 할 수 있는가?' '세계는 언제부터, 그리고 무엇 때문에 피의 정원이 되었는가?' '테러리스트가 믿는 신과 피해자들이 믿는 신은 과연 동일한 것인가?'라는 질문을 하는 순간 세계의 더 크고 낮은 슬픔에 참여할 수 있다고 나는 생각한다.

10. 삶의 풍경에 대한 관찰이 유난히 눈에 띈다. 그렇다고 사물 탐구형 모더니티를 보여주는 계열이라고 하기도 어렵다. 자기 내면을 그대로 말로 직조하는 서정시와 풍경의 관찰자 그 사이에서 신철규의 슬픈 서정이 올라오는 것 같다. 자신만이 지향하는 '작법' 같은 것이 존재하는가.

작법이라고 할 것은 딱히 없다. 만약 있다면 최대한 게으르고 천천히 쓰는 것. 그런데 그것은 제가 의도적으로 추구하는 목표라기보다는 제 성향상 어쩔 수 없는 선택 같은 것이다. 하루에 한 줄 정도를 메모하는데 그것을 모아서 시 한 편이 되는 데 오래 걸릴 수밖에 없다. 문장과 문장이 만나면서 다른 문장을 만들어내는 과정을 즐기는 편인데 그러다 보니 어떤 문장을 쓸 때의 감정이 많이 희석되어서 나중에 정리할 때는 왜 이런 문장을 썼지 하면서 많이 지우기도 한다. 잡지에 보낼 원고의 마감을 지킨 적이 거의 없는 것은 어떤 문장이 최대한의 힘과 무게를 지니게 될 때까지 시적 상황을 마지막까지 상상하는 데 골몰하기 때문이다. 그 덕에 처음에는 미숙했던 시들도 어느 정도 '시다운 시'가 되는 경우가 더러 있는데, 이것은 거의 요행을 바라는 도박과 같아서 실패할 때가 많다. 그러다 보면 결국 펑크를 내는 일도 허다하다.

풍경을 이야기하든 내면을 이야기하든 정확한 문장으로 기술하려고 노력한다. 한눈에 봐도 좋은 문장이라는 느낌이 안 들면 아무리 여러 번 읽든 여러 독법으로 읽든 그 안에 든 의미는 모호한 채로 남게 된다. 명확한 의미를 추구하는 것은 아니지만 진술이나 이미지가 시의 전체적 상황과 교호하면서 풍성하게 읽힐 수 있기를 희망한다. 좋은 문장은 내면이나 풍경에 대한 관조적 거리에서 나온다고 생각한다. 릴케는 그것을 '천사의 시선'이라고 규정했다. 나는 거기까지 도달하지는 못했지만 그것을 지향한다.

11. 소수자의 장르, 무용한 장르의 대명사로 불리던 시집이 젊은 층에게도 어필하고 거기에 신철규 시인도 첫 시집을 낸 시인 중에서 높은 인지도를 발휘하고 있다. 이런 시의 대중적 유통, '소비' 현상에 대해 어떤 생각을 갖고 있는가. 또 첫 시집으로 동료 작가들이 뽑은 올해의 좋은 시집에도 선정되었는데, 본인의 시들이 왜 사랑받는다고 생각하는가.

최근의 시의 소비 패턴이 한 권의 시집이나 한 편의 시에서 하나의 문장으로 옮아간 것은 긍정적인 면과 부정적인 면이 동시에 있는 것 같다. 우선, 부정적인 면은 시의 전체적인 메시지나 어조와 상관없이 개개의 문장을 낭만적이거나 감상적인 차원으로 한정해서 소비한다는 것이라고 생각된다. 최근에 독자들은 상황에 걸맞은 사진과 문장을 사랑, 이별, 아름다움, 일상의 상처 등의 주제로 갈무리하고 편집해서 서로 공유한다. 시의 전체적인 문맥과는 상관없이 문장을 소비하는 형태인데, 독자의 자율적 판단과 감수성을 창작자가 관리하거나 제어한다는 것은 결국 또 다른 억압으로 작용할 것이고 독자들이 이를 수용할 리도 만무하다. 긍정적인 면은 어떤 시 구절이 한 편의 시나 한 권의 시집으로 들어갈 수 있는 통로가 될 수 있다는 것이다. 이것은 작가나 출판사의 입장에서 중요한 홍보 전략이 될 수도 있다. 감상적인 문구만을 내세워서 시집의 전체적인 톤을 왜곡해서는 안 되겠지만 그것이 독자의 눈과 마음을 움직여서 시로 끌어들이는 방편으로 삼는 것을 비난할 수는 없다. 문제는 시인들이 이러한 대중의 눈과 시선에 들기 위해 자신이 추구했던 세계에 대한 맞섬 또는 세계와의 불화를 의도적으로 누그러뜨리거나 다듬지 않는 것일 것이다.

나는 언론과 SNS의 득을 많이 본 편에 속한다. 좋게 말하면 대중성과 예술성의 균형일 것이고 나쁘게 말하면 그 둘 사이의 어정쩡한 자리에 놓여 있다고 할 수 있다. 아주 난해하지는 않지만 그렇다고 해서 한 번 읽고 소비되는 시는 아니라고 생각한다. 나 사신을 좀 더 극단적으로 밀고 나가지 못한 것에 대한 스스로 불만을 가지고 있지만 의도적으로 나의 자리를 바꾸고 싶지는 않다. 시집이 나오기 전부터 회자된 「눈물의 중력」, 그리고 시집의 맨 처음에 실린 「소행성」이라는 시가 대중들에게 큰 호응을 얻었던 것 같다. 감사한 일이다. 그리고 동료 작가들이 많은 지지를 해준 것에 대해서는 기쁘고 또 부끄럽다. 아마도 첫 시집이라 너그럽게 봐주신 것 같고 애정을 보내주신 것이라 생각한다. 시집에 실려 있는 시들이 발표되었던 상태는 지금 보면 못 봐줄 정도로 투박하고 엉성한 면이 많다. 동료 작가들의 예리한 시선에 부끄럽지 않게, 그리고 내 자신의 마음에 들기 위해 끊임없이 퇴고한 끝에 그나마 봐줄 만한 '꼴'이 된 것은 아닌가 생각한다. 내 생각의 미숙함과 내 능력의 일천함이 들킬까봐 두렵다.

12. 문학공부를 하는 연구자이기도 한데, 박사논문을 준비 중인 것으로 안다. 논문 주제는 무엇이며, 왜 그것에 관심을 갖는가.

– 연구자로서의 고민도 많은 시인은 이 주제에 대해 좀 더 생각 중이라고 한다.

13. 카카오톡 소개 문구로 "국경의 남쪽 태양의 서쪽"이라는 문장을 쓰고 있다. 무슨 뜻인지도 궁금하다.

이것은 하루키의 장편소설 제목이다. 그의 수많은 소설책들 중 대중에게 잘 알려지지 않은 작품인데, 내 생각에는 이 작품이 하루키의 작품 세계를 관통하는 주제와 이야기 구성 방식이 잘 녹아 있는 작품이라고 생각한다. 평온한 일상에 느닷없이 쳐들어오는 어떤 일탈에 대한 욕망, 그리고 그것은 대개 유년 시절에 겪었던 타인과의 희열에 가까운 교감(육체적인 것을 포함해서)의 상태에 대한 기억에서 벗어나지 못하는 퇴행적 심리에서 비롯된 경우가 많다. 타자는 대개 '불구'(심리적이건 육체적이건)로 나오는데 그것마저도 신비로운 상태로 그려진다. 특히, 이 소설에 나오는 '히스테리아 시베리아나'라는 인간이 통어할 수 없는 죽음 충동에 관한 이야기를 좋아한다. 하루 종일 드넓은 평원에서 일해야 하는 시베리아의 농부들이 날마다 똑같은 일을 하다가 갑자기 곡괭이를 팽개치고 지평선을 향해 서쪽으로 한없이 걸어가다가 지쳐서 쓰러져 죽는 경우가 있다고 한다. 실재하는 병인지는 모르겠지만, 소설에서는 가족이나 사랑하는 연인이 말려도 듣지 않고 무작정 죽음을 향해 걸어가는, 정신이 통어할 수 없는 무의식의 심연이 거기에 잘 드러나 있다고 생각한다. 소설의 제목은 인간이 도달할 수 있는 끝, 인간이 상상할 수 있는 한계를 뜻하는 것으로 보인다. '태양의 서쪽'은 앞서 말한 '히스테리아 시베리아나'에서 온 말이고 '국경의 남쪽'은 멕시코와의 국경이 있는 미국의 남쪽을 가리킨다. 하루키의 미국에 대한 선망이 제목에도 잘 드러난다.

14. 시인으로서, 또 그 외에도 어떤 계획이 있으면 말씀해 달라.

시는 안 써도 불행하고 써도 불행한 '이중 구속' 같은 것이다. 시를 써야 한다는 생각 때문에 불안해하지만 막상 쓸 때는 잘 안 되어서 힘들고, 시를 쓰고 나면 제 마음에 들지 않으니 또 좌절하게 되는. 한 편의 시를 시작할 때마다 이정표도 없는 벌판이나 부표도 없는 바다 한복판에 서 있는 기분이 든다. 끝을 가늠할 수도 없고 어디서부터 시작해야 될 지도 모르고 난 두 손을 늘어뜨리고 막연히 앞만 쳐다볼 뿐이다.

요즘은 좀 더 편안하면서도 가벼운 언어로 시를 쓰고 싶다는 생

각을 한다. 의미를 크게 두지 않은 단순한 말들로 복합적인 감정이 담겨 있는 시를 쓰고 싶다. 그리고 '불투명한 영원', '슬픔의 바깥'이라는 큰 제목을 가진 연작시를 좀 써보고 싶은 생각을 하고 있다. 두어 편 발표를 했는데 엉성한 상태로 마무리되었다는 생각이 든다. 주제와 형식 면에서 좀 더 고민해봐야겠다.

그리고 박사논문을 써야 한다. 너무 미루어서 어디서부터 손을 대야 할지 막막하지만 올해 안에는 끝내고 싶다. 제출 기한이 코앞에 다가왔다. 주위의 걱정과 잔소리도 이만저만이 아니다. 여기서 벗어나야만 좀 홀가분해질 것 같다. 겨울부터는 원고 청탁도 정중하게 거절하고 있다. 김종삼에 관한 작가론을 준비하고 있는 데, 나뿐만 아니라 모든 시인들에게 사랑받는 시인을 주제로 하려니 부담이 많이 된다. 공부를 열심히 해서 좋은 결과물을 내고 싶다.

신철규는 겸손한 시인이다. 언론을 통해 노출된 자기 시에 대해, 시인의 존재에 대해 부끄러움과 당혹스러움을 갖고 있다. 글을 통해 사색을 더해 가면서 시간 속에서 조용히 나타나야 하는 존재가, 갑자기 무대의 스포트라이트에 의해 관객들에게 전면적으로 노출된 상황에 대한 당혹스러움. 그러나 그는 사실 저 자신이 주인공으로 화려하게 나타나는 '스타' 의식을 지닌 시인이 아니라 고통 받는 현장에 자연스럽게 몸이 기우는 연대와 공감의 시인이다. 그의 슬픔은 제 자신의 고독이 아니라 타자와 연동되는 공동감정이다. 그래서 그는 더 진지해지고 더 몰두하게 되고 더 과묵해지는 모습의 시인이 되고 있다. 그래야만 '슬픔'을 감정의 차원이 아니라 한계까지 밀어붙여 철학과 미학의 탄생으로, 탐구로 이어갈 수 있기 때문이다. 인터뷰 말미에 꺼낸 김종삼에 대한 시인의 관심은 그래서 매우 자연스럽다는 생각이 들었다. 그러고 보니 김종삼과 신시인의 시가 꽤 닮은 질감을 지니고 있다는 생각도 들었다. 그의 시가 "누군가가 구겨버린 꿈"(「심장보다 높이」)에 더 깊이 천착하고 더 깊이 스며들어 "내용 없는 아름다움"(김종삼, 「북치는 소년」)으로 승화되기를 바란다. 곧 봄이다. 그러나 시는 이미 '겁에 질린 아이가 걷는 어둠의 복도'(「심장보다 높이」)에서도 이미 오래 전부터 봄을 기다리는 마음이다.

신 철 규 2011년 《조선일보》 신춘문예로 등단. 시집으로 『지구만큼 슬펐다고 한다』가 있음. 12340158@hanmail.net

【 '작가'가 선정한 오늘의 시 】 시리즈

2002 '작가'가 선정한 **오늘의 시&시조** 고두현 「귀로」 外
기획위원 / 이우걸 장경렬 이경철 유성호 홍용희 김춘식 신국판 / 값 7,000원

2003 '작가'가 선정한 **오늘의 시** _ 신경림 「낙타」 外
기획위원 / 이지엽 맹문재 오형엽 신국판 / 값 8,000원

2004 '작가'가 선정한 **오늘의 시** _ 문태준 「맨발」 外
기획위원 / 문혜원 맹문재 유성호 신국판 / 값 8,000원

2005 '작가'가 선정한 **오늘의 시** _ 문태준 「가재미」 外
기획위원 / 문혜원 맹문재 유성호 신국판 / 값 8,000원

2006 '작가'가 선정한 **오늘의 시** _ 송찬호 「만년필」 外
기획위원 / 유성호 박수연 김수이 신국판 / 값 9,500원

2007 '작가'가 선정한 **오늘의 시** _ 김신용 「도장골 시편–넝쿨의 힘」 外
기획위원 / 유성호 박수연 김수이 신국판 / 값 10,000원

2008 '작가'가 선정한 **오늘의 시** _ 김경주 「무릎의 문양」 外
기획위원 / 이형권 유성호 오형엽 신국판 / 값 10,000원

2009 '작가'가 선정한 **오늘의 시** _ 송재학 「늪의 内簡體를 얻다」 外
기획위원 / 이형권 유성호 오형엽 신국판 / 값 10,000원

2010 '작가'가 선정한 **오늘의 시** _ 진은영 「오래된 이야기」 外
기획위원 / 유성호 홍용희 이경수 신국판 / 값 10,000원

2011 '작가'가 선정한 오늘의 시 _ 심보선 「'나'라는 말」 外
기획위원 / 유성호 홍용희 함돈균 신국판 / 값 12,000원

2012 '작가'가 선정한 오늘의 시 _ 안도현 「일기」 外
기획위원 / 유성호 홍용희 함돈균 신국판 / 값 12,000원

2013 '작가'가 선정한 오늘의 시 _ 공광규 「담장을 허물다」 外
기획위원 / 유성호 홍용희 함돈균 신국판 / 값 12,000원

2014 '작가'가 선정한 오늘의 시 _ 이원 「애플 스토어」 外
기획위원 / 유성호 홍용희 함돈균 신국판 / 값 12,000원

2015 '작가'가 선정한 오늘의 시 _ 유홍준 「유골」 外
기획위원 / 유성호 홍용희 함돈균 신국판 / 값 14,000원

2016 '작가'가 선정한 오늘의 시 _ 박형준 「칠백만원」 外
기획위원 / 유성호 홍용희 함돈균 신국판 / 값 14,000원

2017 '작가'가 선정한 오늘의 시 _ 나희덕 「종이감옥」 外
기획위원 / 유성호 홍용희 나민애 신국판 / 값 14,000원

2018 '작가'가 선정한 오늘의 시 _ 신철규 「심장보다 높이」 外
기획위원 / 유성호 홍용희 함돈균 신국판 / 값 14,000원

【'작가'가 선정한 오늘의 영화 】시리즈

2006 '작가'가 선정한 오늘의 영화 _ 2006 이준익 감독 〈왕의남자〉 外
기획위원 / 강유정 김서영 강태규 신국판 / 값 9,500원

2007 '작가'가 선정한 오늘의 영화 _ 2007 김태용 감독 〈가족의 탄생〉 外
기획위원 / 강유정 이상용 황진미 신국판 / 값 9,500원

2008 '작가'가 선정한 오늘의 영화 _ 2008 이창동 감독 〈밀양〉 外
기획위원 / 유지나 강태규 설규주 신국판 / 값 10,000원

2009 '작가'가 선정한 오늘의 영화 _ 2009 장훈 감독 〈영화는 영화다〉 外
기획위원 / 유지나 전찬일 강태규 신국판 / 값 10,000원

2010 '작가'가 선정한 오늘의 영화 _ 2010 봉준호 감독 〈마더〉 外
기획위원 / 유지나 전찬일 강태규 신국판 / 값 10,000원

2011 '작가'가 선정한 오늘의 영화 _ 2011 이창동 감독 〈시〉 外
기획위원 / 유지나 전찬일 강태규 신국판 / 값 12,000원

2012 '작가'가 선정한 오늘의 영화 _ 2012 이한 감독 〈완득이〉 外
기획위원 / 유지나 전찬일 강태규 신국판 / 값 12,000원

2013 '작가'가 선정한 오늘의 영화 - 2013 윤종빈 감독 〈범죄와의 전쟁 : 나쁜 놈들 전성시대〉 外
기획위원 / 유지나 전찬일 강유정 신국판 / 값 12,000원

2014 '작가'가 선정한 오늘의 영화 _ 2014 봉준호 감독 〈설국열차〉 外

기획위원 / 유지나 전찬일 강유정 신국판 / 값 12,000원

2015 '작가'가 선정한 오늘의 영화 _ 2015 김한민 감독 〈명량〉 外

기획위원 / 전찬일 홍용희 이재복 강태규 손정순 신국판 / 값 14,000원

2016 '작가'가 선정한 오늘의 영화 _ 2016 류승완 감독 〈베테랑〉 外

기획위원 / 유지나 전찬일 이재복 강태규 손정순 신국판 / 값 14,000원

2017 '작가'가 선정한 오늘의 영화 _ 2017 이준익 감독 〈동주〉 外

기획위원 / 유지나 전찬일 손정순 신국판 / 값 14,000원

2018 '작가'가 선정한 오늘의 영화 _ 2018 김현석 감독 〈아이 캔 스피크〉 外

기획위원 / 유지나 전찬일 손정순 신국판 / 값 14,000원

이 도서의 국립중앙도서관 출판시도서목록(CIP)은 e-CIP 홈페이지
(http://www.nl.go.kr/ecip)에서 이용하실 수 있습니다.
(CIP 제어번호 : CIP2018009198)

2018 '작가'가 선정한 오늘의 시

2018년 3월 25일 초판 1쇄 인쇄
2018년 4월 2일 초판 1쇄 발행

지은이 | 신철규 외
펴낸이 | 孫貞順
펴낸곳 | 도서출판 작가
서울 서대문구 북아현로89 버금랑빌딩 2층(우 03761)
전화 | 365-8111~2 팩스 | 365-8110
이메일 | morebook@morebook.co.kr
홈페이지 | www.morebook.co.kr
등록번호 | 제13-630호(2000. 2. 9.)

기획위원 | 유성호 홍용희 함돈균
편집 | 손희 박계현
디자인 | 전경아
영업 · 관리 | 이용승

ISBN 978-89-94815-77-0 03810

값 14,000원